大展好書
好書大展

大展好書 好書大展

洞天福地

——道教宮觀勝境

道學文化 7

沙銘壽／編著

大展出版社有限公司

編委會

總序

中華道學歷史源遠流長，内容博大精深，既是中華民族的文化精華，又是世界文明的寶貴財富。

道家歷來崇尚黄帝。黄帝是中華民族的創始者，五千年的偉大中華文明皆同黄帝有着千絲萬縷的聯繫，現在我們中國人仍然説自己是黄帝的子孫。先秦時代，道家之祖老子著《道德經》五千言，影響深遠，道家思想遂蔚爲『顯學』。道教創立，奉老子爲教主，以其《道德經》爲主要經典，規定爲教徒必須誦習的功課，道家與道教融合而爲中華道學。幾千年來，它經過長期的演變和發展，積累成豐富的道學文化，對中國社會的政治、經濟、哲學、倫理道德、文學藝術、醫藥學、養生學、文化學以及民族心理、社會風俗等方面都産生了十分深刻的影響，起過相當重大的作用。因此，如果不瞭解中華道學的豐富内容，也就不可能全面、深刻地瞭解中國的歷史和文化。在現今中國建設現代化國家的過程之中，也需要吸取道學文化的精華，以推進中華民族的精神文明和物質文明建設。

一

中華道學文化的核心是『道』。那麼，什麼是『道』？

老子認爲，『道』是產生宇宙萬物的總根源，也是天地之間萬事萬物盛衰變化的總規律。《道德經》開章明義就講：『道可道，非常道；名可名，非常名。無名，天地之始。有名，萬物之母。』大道既無形象，又無名稱，不能用人類的語言和文字去形容它、描述它。《清靜經》說：『大道無形，生育天地；大道無情，運行日月；大道無名，長養萬物。』故大到宇宙空間，小到瓦礫微塵，無不有『道』的存在。《道德經》四十二章說：『道生一，一生二，二生三，三生萬物。』學者們評述說，這是老子在中國哲學史上首次提出的宇宙創生模式。對於這些話，我是這樣理解的：『道』即是無形無象的浩然正氣，在宇宙還未形成之前的混沌時期，由浩然之氣將混沌一分爲二，分出了陰陽天地；之後，又是浩然之氣運行日月，天生成萬物，地長養萬物，如此週而復始，永不停止，『獨立而不改，周行而不殆』。大道化生萬物以後，『生而不有，爲而不恃，長而不宰』，讓萬物自然生長，『夫莫之命而常自然』。

二

『道』的法則落實在社會層次方面，這就是人們的道德行爲規範。老子說：『人法地，地法天，天法道，道法自然。』按照『道』的原則行事，這個行爲規範的核心就是『清靜』、『無爲』和『自然』。也就是說，人們應該效法『天道』，體會天地自然的規律，順其自然地把握自己，成就高尚、完整的人生境界，才能獲得人生與社會的永恒。

人生一世，應該和諧、美滿與幸福，人們相互理解、幫助、支持，與自然相協調。但是，怎樣才能實現這樣的人生目標呢？我想首先應該做到道家的『清靜』。老子認爲『清靜可以爲天下正』，意即清靜是天下最高的法則，心清神靜，就可以處理好天下之事。道家的『清靜』並不是現代語言中的安寧寂靜之意，而是去私寡慾、摒除雜念的意思。在老子看來，這是一種最高的人生境界。老子認爲，一個人只有不斷地反省自己，剔除從外在環境沾染上的私慾雜念，才會像渾濁的流水一樣，静止下來重新變清。人出生之時，自然純淨，一無所有，隨着生命歷程的展開，逐漸生出和沾染上種種慾念，如果不時時用淡泊寧静的『道』來抵禦心中的私慾雜念，整日争名逐利，耽於聲色犬馬，就會迷失生活的方向，步入生命的歧途。人生路向誤導的結果，便是『甚愛必大費，多藏必厚亡』，爲身外之物破費精神，耗盡心力，到頭來一無所有，空抛却寶貴的人生。明於此，就當『致虛極，守靜篤』，堅守清靜自然之道，人生於是走上正軌。

『無爲』是道學的中心思想，早爲人們所熟知，但是相當多的人對它並沒有正確的理解，衹是望文生義地解釋爲『無所作爲』；其實，道家的『無爲』是順其自然，按照天道自然的法則辦事，不妄作爲的意思。老子《道德經》中說，『無爲而無不治』，『無爲而無不爲』，這才是『無爲』的真正宗旨。譬如人生處世，有人用淡泊寧靜的心與利於他人的觀念去面對世間一切事物，不貪婪，不存非分之想，總想爲社會做點力所能及的好事，用這樣的心情去對待家庭，尊老愛幼，『老吾老以及人之老，幼吾幼以及人之幼』。這樣，他就會受到人們的尊重，自身又無掛礙，無煩惱，既能適應繁忙的事務，又能神清氣爽，內心寧靜，得到充分休息，使體內的組織細胞保持正常的新陳代謝，滋養生息，長此以往，他自會身強體壯，延年益壽。這就是『無爲』的人生實踐。反之，如果有人總想『有爲』，貪慾之心太重，隨時想把別人的財富據爲己有，貪贓枉法，胡作非爲，『不知常，妄作凶』，每天都在煩惱與恐怖中生存，結果只能加速自身的死亡。人是天地之間一衆生，如果人人都用道家『無爲』的思想告誡自己，規範自己的行爲，用淡泊寧靜的心和利於他人的意念去生活，去工作，去創造，那麼人類自然就會和諧相處，社會自然得到平衡發展。

三

世人都有永生的願望，這是人類自古以來便有的傳統。從遠古開始，中國人的內心深處就藏着一個秘密願望——長生不老，不死長存。這樣的民衆心理，由中國道教神仙長生的生命哲學充分顯示了出來。道教信仰神仙長生，認爲世間具有上根之人通過修習神仙之道，可以使生命獲得永恒不朽。儘管到目前爲止，長生不死尚無實證，但長期以來道教對這一境界的追求却產生了不少有益於人類的寶貴文化遺產，在人類探索養生長壽之道的歷史進程中做出了獨特的貢獻。

道家與道教的生命科學實踐，主要有道教醫學、道教養生學、道教仙學三個方面的內容。道教醫學與中醫學有密切的血緣關係，但又以其祝由、秘方、氣功診病治病等構成獨立於中醫之外的獨特醫療治病系統。道教養生學包括導引行氣（即今之氣功）、食養食補及日常生活等方法、技術和理論。它構成了中國傳統養生學和保健學的主體與基本內容。道教仙學包括內丹、外丹等修仙之術，雖然其中含有一定的宗教內容，但却對人體科學、智能開發以及古代化學等領域的研究實踐做出了重要貢獻。

道教主張『我命在我不在天』，即人的生命由自己控制掌握，人發揮自我主體能動性，可以延續生命的長度，提高生命存在的質量。這方面的途徑和方法是多種多樣的，可以歸結爲兩大方面：一方面是養生，一方面是道德修養。這種關於生命科學的歷史實踐，對於現代社會具有重大的現實意義。它在理論和方法手段上彌補了西方近現代醫學、保健學與實踐體系的不足。

首先，道家與道教主張在養生活動中應當身心並重、形神俱完、性命雙修；在形體保健中强調心智完整與道德修養的雙重意義。這種以修德養性爲養生第一要務的修道特徵，對於今天社會具有相當重要的指導意義。

其次，道學提倡全面養生，即從精神修養、飲食、鍛鍊以及日常生活衛生等各個方面來進行養生、發展身體、增進健康與延長壽命。道家和道教反對偏頗和單一的修煉，認爲生命是一個大系統，必須從各個方面、採用各種方法和手段來加以養護和發展。

其三，道家與道教認爲生命健康長壽的關鍵是人體內部精、氣、神的充盈旺盛。因而養生治身的原則是動靜結合、內外結合、煉養結合、形神結合，重在提高與發展人的內在精神和生理水平。其手段方法也就不是那種激烈的運動和比賽，而是重視靜養精神、內煉精氣、導引形體、飲食補養，從而構成了在世界醫療保健體系中，堪稱獨樹一幟的具有中國傳統文化特色的養生文化體系。

由此可知，道教養生的方法無疑對延長人的生命，充實人的生活具有重要的意義；然而，僅僅如此還是不够的，生命還欠缺了一方面，不能盡善盡美。要使生命發出光華，萬古不朽，還必須在道德上下功夫，通過自我努力，成爲道德上無懈可擊的君子。養生加道德實踐，這才是完美的人生，這才是生命的坦途，這才能够不朽。這就是道教生命哲學的主體性原則。

道教認爲，要想從根本上解脱生死的煩惱，使人生走向永恒，必須加强身心的修煉，過一種合乎道德的生活。道教經典從《太平經》、《清静經》到後來民間流行的功過格，都提倡人生在世，應該多行善事。一個行善的人，光明正大，心中充滿正氣，活得自在踏實，所謂『爲人不做虧心事，半夜敲門心不驚』，這種充滿浩然正氣的心態對生理健康大有好處。人的長壽是由心理健康和生理健康交互作用而完成的，一個具有善良意志的人，心地是清静無爲的，摒棄了種種邪惡慾念，一心向善，自然有利於身體安康。

總之，德行充實者必會長壽，這是道教用『道』指導人生解決生命問題的一個準則，它對於世界文明和人類健康長壽事業具有重大的價值。

道教認爲，要想長生不老，僅有個人的道德實現是不完美的，還必須濟世救人，利他利民，建功立德。如果僅滿足個人的修煉，只能拯救自我的生命，這是很不够的，而且不能證道成仙。只有廣建陰德，濟物救世，行種種方便，做無量善事，拯救普天之下人們的生命，自己的生命才能得到拯救。道教文化中保存了許多中華民族的美德，如孝敬父母，敬老恤孤，憐貧憫疾，先人後己，損己濟物，助人爲樂，濟人貧困，解人之厄，扶人之危，抑惡揚善等等。這些美德都値得發揚光大，以淨化社會的空氣。

四

道教不僅試着解決生命的最終歸宿，而且熱切關懷生命存在的質量高低問題，也就是關心世人是否生活得幸福快樂。

怎樣才算是幸福生活？古今中外的哲學家、宗教家都在探討這一問題。古希臘的哲人德謨克里特告訴人們：幸福不在於佔有畜羣，也不在於佔有黄金，它的居處是在我們的靈魂之中。古希臘的另一大哲人亞里斯多德認爲，人的心靈可分爲『理智德性』和『道德德性』兩大部分，人們祇要具備了這兩種德性，並進而使兩者處於有秩序的和諧狀態，就進入幸福和至善的境界。所以他認爲，幸福就是心靈完全合於德行的活動。老子以『無爲』作爲人類本性和最高的道德，認爲『道常無爲』。無爲包含有無慾的意思在内，這種無慾無爲的道德老子又把它叫做『自然』，講『道法自然』。人按照道的這種無爲無慾生活即是幸福。老子讚美『貴柔』、『知足』、『不争』等品行，在道德修養方法上主張『少私寡慾』、『爲道日損』、『滌除玄覽』等。認爲據此修行，人生就可以免禍得福。

道教的幸福觀可以説與以上中外哲人的思想頗有異曲同工之妙。道教認爲，幸福不在於佔有物質財富的多寡，物慾的滿足並不意味着就是幸福。比如餐宴過度之後人們常常感到腸胃的痛苦便是一例。道教同樣認爲，精神的因素在幸福中佔有很大的比例，主張精神上逍遥自在，不爲外面的花花世界所勾引，不爲外物所染，心靈便清静明亮。心如赤子，知足常樂。精神上與至善的德行合拍，人就生活得充實美滿。

道教繼承老子，主張無慾無爲。所謂無慾，不是禁慾，不是『存天理，滅人慾』，而是合理地控制自己的慾望。人慾是貪得無厭的，如不加以控制，就會走火入魔，縱慾傷身，談何幸福？所謂『樂極生悲』，就是縱慾過度，帶來的只是痛苦。因此合理控制自我慾望，既不縱慾，也不禁慾，適度得中，就找到了幸福的感覺。

所謂『無爲』，並不是坐享其成，什麼事也不幹，而是不妄爲，不亂來。比如君子愛財，取之有道，這就不是胡作非爲，就屬於『無爲』的範疇。搞假藥假酒，以假冒僞劣產品坑人騙人，甚至不惜圖財害命，這就不屬於道教講的『無爲』，而是屬於『有爲』。有爲必傷生，最終弄巧成拙，在人生舞臺上演出一幕幕悲劇，哪裏還有幸福可言？所以按照『無爲』的原則生活，就是讓自己的行爲合乎自然規律，合乎道德規範，過一種合乎理性的生活。無慾無爲，效法自然，按照這一原則去生活，去體證生命，相信一定會達到一個新的人生境界。

五

成都恩威集團與四川省社會科學院聯合創辦了『中華道學文化研究中心』，其宗旨是『弘揚中華文化，光大民族美德，繁榮學術研究，促進社會文明』。爲此，中華道學文化研究中心邀請了一批在道教研究方面卓有建樹的專家、學者，編撰了這套『道學文化』叢書，包括有道教醫學、道教内丹與養生學、道教倫理、道教神系、道教儀禮、道教文學、道教音樂、道教宮觀等方面的内容。旨在客觀介紹，以使熱心中華文化的社會各界人士對道學文化有一客觀、正確、全面的瞭解。在此基礎上，我們再進而發掘這座思想文化的寶庫，用之於當用之處，無疑將對現代社會的發展起到一定的推動作用。我相信，炎黄子孫，同心協力，必能使中華民族之傳統文化發揚光大！

薛永新

目録

總序……（三）
引言　洞天福地話宮觀……（一七）
一、全真叢林第一觀——北京白雲觀……（三七）
二、蓬萊仙境何處尋
（一）嶗山道觀……（五一）

(二)泰山道觀……(六〇)
(三)天津天后宮……(六七)
三、携琴控鶴東南遊
(一)江西龍虎山道觀……(六九)
(二)江蘇茅山道觀……(八三)
(三)蘇州玄妙觀……(九〇)
(四)上海海上白雲觀……(九六)
(五)杭州抱朴道院……(九八)
(六)廣東羅浮山道觀……(一〇〇)
(七)廣州三元宮……(一〇七)
四、神仙都會宗巴蜀
(一)青城山道觀……(一一一)
(二)都江堰二王廟……(一三五)
(三)成都青羊宮……(一三八)
(四)重慶老君洞道觀……(一四八)

（五）大邑鶴鳴山道觀……（一五二）
五、揮弦中原走鹿車
（一）山西芮城永樂宮……（一五五）
（二）河南嵩山道觀……（一五九）
（三）河南鹿邑太清宮……（一六八）
六、真武龜蛇鎮武當
（一）湖北武當山道觀……（一七一）
（二）武漢長春觀……（一九八）
七、老君西出函谷關
（一）周至樓觀臺……（二〇一）
（二）華山道觀……（二〇八）
（三）西安八仙宮……（二一八）
（四）天水伏羲廟……（二二六）

八、忽聞關外有仙山
（一）遼寧千山道觀……（二二九）
（二）瀋陽太清宮……（二三五）
九、臺灣寶島兩名觀
（一）雲林北港朝天宮……（二三九）
（二）臺南麻豆代天府……（二四一）
後記……（二四三）

引言　洞天福地話宮觀

道教是產生於我國的土生土長的傳統宗教，自漢順帝時天師張道陵始創，至今已有一千八百多年的歷史。道教不僅有豐富的經籍，精深的教義，而且有不少壯麗宏偉的宮觀，分佈在我國的各處名山和城鎮鄉村。

道教宮觀是道士修道、祭祀和舉行宗教活動的場所。一般稱為觀、庵、寺、廟、院，經皇帝賜額封贈的陞稱宮，也有較大的觀改稱宮的，宮觀是它們的合稱。

道教宮觀，來源於東漢張道陵初創天師道時設立的二十四治，即二十四個教區。計有陽平治、鹿堂治、鶴鳴治、灕沅治、葛璝治、庚除治、秦中治、真多治、昌利治、隸上治、湧泉治、稠稉治、北平治、本竹治、蒙秦治、平蓋治、雲臺治、濜口治、後城治、公慕治、平崗治、主薄治、玉局治、北邙治等。當時的『治』所很簡陋，不過是『置以土壇，戴以草屋』。至晉，或稱治，或稱廬，或稱靖（又作静）。東晉稱館。北朝始稱觀。『三十六靖廬』大概為南北朝時期所定。唐代杜光庭編撰的《洞天福地·嶽瀆名山記》中記載了三十六靖廬的名稱與地點，它們是：

綿竹廬，在漢州綿竹縣棲林山；
紫蓋廬，在荊州當陽縣；
瀘水廬，在滬州安樂山；
丹陵廬，在洪州西山鐘君宅；
守玄廬，在終南山尹喜宅；
靈净廬，在亳州太清宮；
送仙廬，在嶽州墨山孔昇觀；
契静廬，在鄭州圃田列子宅；
淩虛廬，在南嶽中宮；
鳳凰廬，在襄州鳳林山；
子真廬，在洪州西山梅福壇；
玄性廬，在撫州南城縣魏夫人壇；

契玄廬，在袁州吳平觀；
啟元廬，在虢州桃林古關，即陝州靈寶縣；
山谷廬，在廬山青牛谷；
君平廬，在漢州綿竹縣君平宅；
斗山廬，在興元城固縣唐公昉宅；
光天廬，在南嶽；
騰空廬，在洪州遊帷觀；
昭德廬，在廬山；
尋玄廬，在江西吳猛觀；
得一廬，在潤州鹿跡觀；
啟靈廬，在泰州啟靈山；
宗華廬，在洪州宗華觀彭君宅；
朝真廬，在京兆會昌昭應山；
黃堂廬，在江西洪州；
迎真廬，在洪州；
招隱廬，在江西洪州；

紫虛廬，在南嶽魏夫人壇；

啟聖廬，在岐州無興縣啟靈宮，本名天柱廬；

鳳臺廬，在京兆周至縣蕭史宅；

東華廬，在衢州龍山縣東華觀；

祈仙廬，在洪州黃真君宅；

元陽廬，在蘇州常熟縣張道裕宅；

東蒙廬，在徐州蒙山；

貞陽廬，在洪州曾真君宅。

唐代，改館為觀。唐宋以後宮觀大興，宋徽宗又詔天下洞天福地修建宮觀。歷宋、元、明、清諸代，興建之風尤盛。宮觀形式皆仿古制。而這些壯麗宏偉的宮觀有很大一部分是建築在所謂『洞天福地』之中。

『洞天福地』是道教所說的神仙境地，分為『十大洞天』、『三十六小洞天』、『七十二福地』。相傳這些地方為『通天之境』，被認為是仙人統治管理、居住優游所在。《雲笈七籤》卷二十七司馬承禎集的《洞天福地·天地宮府圖》與杜光庭的《洞天福地·嶽瀆名山記》對十大洞天、三十六小洞天、七十二福地都有所載，只不過兩者有一些出入。下面主要據《雲笈七籤》卷二十七《洞天福地·天地宮府圖》所載，再釋以今天的地名，作一簡要介紹。

十大洞天

道教將處於大地名山之間的十處，相傳為上天遣派羣仙統治的地方，稱之為『十大洞天』。

第一王屋山洞，名為小有清虛洞天，位於山西省垣曲縣和河南省濟源縣之間的王屋山上。

第二委羽山洞，名為大有空明洞天，位於浙江省黃巖市委羽山上。

第三西城山洞，名為太玄總真洞天，所在不詳。《登真隱訣》疑在終南太一山，杜光庭則說是在蜀州。

第四西玄山洞，名為三元極真洞天，所在不詳。杜光庭則說在金州。

第五青城山洞，名為寶仙九室洞天，位於四川省都江堰市青城山上。

第六赤城山洞，名為上清玉平洞天，位於浙江省天臺縣赤城山上。杜光庭將此稱為上玉清平洞天。

第七羅浮山洞，名為朱明耀（輝）真洞天，位於廣東省增城縣與博羅縣之間的羅浮山上。

第八句曲山洞，名為金壇華陽洞天，位於江蘇省句容縣茅山上。

第九林屋山洞，名為尤神幽虛洞天，位於江蘇省吳縣西洞庭山上。

第十括蒼山洞，名為成德隱玄洞天，位於浙江省仙居縣和臨海市之間的括蒼山上。

三十六小洞天

道教認為在大地名山之間的三十六處，相傳為是上仙統治的地方，稱為三十六洞天，又稱三十六小洞天。

第一霍桐山洞，名為霍林上玄洞天，位於福建省寧德縣境內。

第二東嶽泰山洞，名為蓬玄太空洞天，位於山東省泰安縣、歷城縣、長清縣三縣之間的泰山上。

第三南嶽衡山洞，名為朱陵太虛洞天，位於湖南省衡山縣衡山上。

第四西嶽華山洞，名為太極總仙洞天，位於陝西省華陰縣華山上。

第五北嶽常山洞，名為太乙總玄洞天，位於河北省曲陽縣境內。

第六中嶽嵩山洞，名為上聖司真洞天，位於河南省登封縣嵩山上。

第七峨嵋山洞，名為虛陵太妙洞天，位於四川省峨嵋山市峨嵋山上。

第八廬山洞，名為洞虛詠真洞天，位於江西省九江市廬山上。

第九四明山洞，名為丹山赤水洞天，位於浙江省上虞縣境內。

第十會稽山洞，名為極玄太元洞天，位於浙江省紹興市境內。

第十一太白山洞，名為太白玄德洞天，位於陝西省眉縣太白山上。杜光庭將太白山洞名為方白山。

第十二西山洞，名為天寶極玄洞天，位於江西省新建縣境內。

第十三小溈山洞，名為好生玄上洞天，位於湖南省醴陵縣境內。杜光庭將其名為大圍山。

第十四潛山洞，名為天柱司玄洞天，位於安徽省潛山縣境內。杜光庭說位於桐城縣。

第十五鬼谷山洞，名為太玄司真洞天，位於江西省貴溪縣境內。

第十六武夷山洞，名為昇真化玄洞天，位於福建省武夷山市武夷山上。

第十七玉笥山洞，名為太玄法樂洞天，位於江西省永新縣境內。

第十八華蓋山洞，名為容成大玉洞天，位於浙江省永嘉縣境內。

第十九蓋竹山洞，名為長耀寶光洞天，位於浙江省黃巖市境內。

第二十都嶠山洞，名為寶玄洞真洞天，位於廣西壯族自治區容縣城南都嶠山上。

第二十一白石山洞，名為秀樂長真洞天，位於廣西壯族自治區境內，亦有位於安徽省含山縣境內之說。杜光庭則說位於容州北源。

第二十二岣嶁山洞，名為玉闕寶圭洞天，位於廣西壯族自治區北流縣城東北的岣嶁山上。

第二十三九疑山洞，名為朝真太虛洞天，位於湖南省寧遠縣的九疑山上。杜光庭將其名為湘真太虛洞天。

第二十四洞陽山洞，名為洞隱明觀洞天，位於湖南省瀏陽縣境內。

縣。

第二十五幕阜山洞，名為玄真太元洞天，位於江西省修水縣境內。杜光庭認為位於唐軍縣。

第二十六大酉山洞，名為大酉華妙洞天，位於湖南省沅陵縣境內。

第二十七金庭山洞，名為金庭崇妙洞天，位於浙江省嵊縣境內。

第二十八麻姑山洞，名為丹霞宛陵洞天，位於江西省南城縣城西的麻姑山上。

第二十九仙都山洞，名為玄都祈仙洞天，位於浙江省縉雲縣城東仙都山上。

第三十青田山洞，名為青田大鶴洞天，位於浙江省青田縣城北青田山上。

第三十一鐘山洞，名為朱日太生洞天，位於江蘇省南京市境內。

第三十二良常山洞，名為良常方會洞天，位於江蘇省句容縣境內。

第三十三紫蓋山洞，名為紫玄洞昭洞天，位於湖北省當陽縣境內。杜光庭將其排為三十六，為紫蓋山紫玄洞盟洞天，位於韶州曲江縣。

第三十四天目山洞，名為天蓋滌玄洞天，位於浙江省餘杭縣西南的大滌山上。

第三十五桃源山洞，名為白馬玄光洞天，位於湖南省桃源縣西南桃花源。

第三十六金華山洞，名為金華洞元洞天，位於浙江省金華市北金華北山上。

七十二福地

道教將處於大地名山間的七十二處，相傳是上帝命真人治理的地方，稱為七十二福地。並認為七十二福地裏有很多是可以幫助修行之士得道的地方。它們是：

第一地肺山，位於江蘇省句容縣境内，今名茅山。

第二蓋竹山，位於浙江省衢州市境内。

第三仙磕山，位於浙江省永嘉縣境内。

第四東仙源，位於浙江省黄巖市境内。

第五西仙源，位於浙江省黄巖市境内。

第六南田山，位於浙江省青田縣境内。

第七玉溜山，所在不詳。

第八清嶼山，所在不詳。

第九鬱木洞，位於江西省峽江縣東南的玉笥山南。

第十丹霞洞，位於江西省南城縣城西的麻姑山上。

第十一君山，位於湖南省岳陽市西南洞庭湖中。

第十二大若巖，位於浙江省永嘉縣境内。

第十三焦源，位於福建省建陽縣境內。

第十四靈墟，位於浙江省天臺縣境內。

第十五沃州，位於浙江省嵊縣境內。

第十六天姥嶺，位於浙江省嵊縣境內。

第十七苦耶溪，位於浙江省紹興市境內。

第十八金庭山，位於安徽省巢湖市境內。

第十九清遠山，位於廣東省清遠縣境內。

第二十安山，所在不詳。

第二十一馬嶺山，位於湖南省郴州市東，今名蘇仙嶺。

第二十二鵝羊山，位於湖南省長沙市境內。

第二十三洞真墟，位於湖南長沙市境內。

第二十四青玉壇，位於湖南省衡山縣衡山上。

第二十五光天壇，位於湖南省衡山縣衡山西。

第二十六洞靈源，位於湖南省衡山縣衡山招仙觀西。

第二十七洞宮山，位於福建省政和縣境內。

第二十八陶山，位於浙江省瑞安縣境內，今名仙巖山。

第二十九三皇井，位於浙江省平陽縣境內。
第三十爛柯山，位於浙江省衢縣境內。
第三十一勒溪，位於福建省建陽縣境內。
第三十二龍虎山，位於江西省貴溪縣西南。
第三十三靈山，位於江西省上饒市境內。
第三十四泉源，位於廣東省博羅縣與增城縣之間的羅浮山上。
第三十五金精山，位於江西省寧都縣境內。
第三十六閤皂山，位於江西省清江縣境內。
第三十七始豐山，位於江西省豐城縣境內。
第三十八逍遥山，位於江西省南昌市境內。
第三十九東白源，位於江西省奉新縣境內。
第四十鉢池山，所在不詳。
第四十一論山，位於江蘇省鎮江市境內。
第四十二毛公壇，位於江蘇省吳縣境內。
第四十三鷄籠山，位於安徽省和縣境內。
第四十四桐柏山，位於河南省桐柏縣境內。

第四十五平都山，位於四川省豐都縣境内。

第四十六綠蘿山，位於湖南省桃源縣境内。

第四十七虎溪山，位於江西省彭澤縣境内。

第四十八彰龍山，位於湖南省澧縣境内。

第四十九抱福山，位於廣東省連縣境内。

第五十大面山，位於四川省成都市境内。

第五十一元晨山，位於江西省都昌縣境内。

第五十二馬蹄山，位於江西省波陽縣境内。

第五十三德山，位於湖南省常德市境内。

第五十四高溪藍水山，位於陝西省藍田縣境内。

第五十五藍水，位於陝西省藍田縣境内。

第五十六玉峰，位於陝西省西安市境内。

第五十七天柱山，位於浙江省餘杭縣境内。

第五十八商谷山，位於陝西省商縣境内。

第五十九張公洞，位於江蘇省宜興縣城西南的禹峰山山脚下。

第六十馬悔山，位於浙江省天臺縣境内。

第六十一長在山，疑在山東省鄒平縣境內。
第六十二中條山，位於山西省西南部。
第六十三茭湖魚澄洞，位於浙江省餘姚縣境內。
第六十四綿竹山，位於四川省綿竹縣境內。
第六十五瀘水，所在無考。
第六十六甘山，所在無考。
第六十七瑰山，位於四川省廣漢市境內。
第六十八金城山，位於湖南省新寧縣境內。
第六十九雲山，位於湖南省武岡縣境內。
第七十北邙山，位於河南省洛陽市西北，亦名邙山。
第七十一盧山，位於福建省連江縣境內。
第七十二東海山，位於江蘇省東海縣境內。

以上的七十二福地即《雲笈七籤》卷二十七司馬承禎集《洞天福地·天地宮府圖》所記載的七十二福地。其說與杜光庭的《洞天福地·嶽瀆名山記·七十二福地》是有出入的，杜光庭實際上衹記有七十一處，兩者排列的順序番號也大不相同。從內容上看兩者的差別主要有三種情況：

一是名稱相同而地點不同。（以下地名係古地名，未作今釋。）如司馬承禎的第四東仙源，在臺州黃巖縣，而杜光庭列為第三，認為在温州白溪；司馬承禎的第六十九雲山，在邵州武剛縣，而杜光庭列為第五十七，在朗州武陵縣。

二是名稱不同而地點相同。如司馬承禎以在臺州黃巖縣嶠嶺的為第五西仙源，而杜光庭則以在臺州黃巖縣嶠嶺的為第二的石礚源；司馬承禎的第四十九抱福山，在連州連山縣，而杜光庭則將其列為第十一的桂源，在連州抱福山；司馬承禎的第五十七天柱山，在杭州於潛縣，杜光庭則將其列為第六十四的白鹿山，在杭州天柱山；司馬承禎的第五十九張公洞，在常州宜興縣，杜光庭則將其列為第五十三的陽羨山，在常州義興縣張公洞；司馬承禎的第七十二東海山，在海州東二十五里，杜光庭則將其列為第七十一的沃壤，在海州東海縣。

三是『福地』的名稱和所在的地點都不同的，有一二十處。在司馬承禎的《天地宮府圖·七十二福地》上有，而杜光庭《洞天福地·嶽瀆名山記·七十二福地》上没有的有：蓋竹山、仙礚山、丹霞洞、焦源、金庭山、光天壇、洞宮山、泉源、彰龍山、馬蹄山、高溪蘭水山、蘭水、司馬悔山、長在山、茭湖魚澄洞、綿竹山、滬水、甘山、瑰山、北邙山、盧山等二一十處。反過來，杜光庭的《七十二福地》上有，司馬承禎《七十二福地》上没有的有：崆峒山、武當山、巫山、白水源、九華山、章觀臺、抱犢山、桂源、馬跡山、四明山、緱氏山、少室山、翠微山、大隱山、嵊山，西白山、天印山等十七處。這個差別是相當大的。

如果說『十大洞天』、『三十六小洞天』，兩者只是大同小異，還有可能屬於傳抄的錯誤，那麼，在『七十二福地』上出現如此衆多的差別，就不能簡單地歸之於傳抄的錯誤了。由此推論，道教關於洞天福地的具體說法，可能不只是一種，大概司馬承禎集的《天地宮府圖》是一種，杜光庭編的《洞天福地·嶽瀆名山記》又是一種罷了。洞天福地，是道教的一種憧憬和想像。其實很多地方並無道教宮觀。但歷史上的這種說法，也的確促使道教徒在這些名山上建觀。

應當注意的是，有的古代宮觀名稱地址不斷沿革，隨時代而有所變遷。如張道陵建立於蜀中的『二十四治』，就有別於開明王朝巫道的教區。又如中央教區『陽平治』至少有彭縣、成都、漢中等處。『北邙治』也是從越西遷處洛陽。後來遷江南的治所，多隨師度化宣教。唐宋以來的洞天福地更是多有變動了。

宮觀的建立過程伴隨着道教的發展，經歷了一個漫長的、時興時衰的過程。一九四九年後，政府貫徹宗教信仰自由政策，對道教著名宮觀均予保護，並資助修葺。故這些古老的宮觀至今仍保持古樸而莊嚴之風貌。

一九八二年，國務院曾將二十一座道教宮觀定為全國道教重點宮觀予以保護和開放。它們是：泰山碧霞祠、嶗山太清宮、茅山道院、杭州抱樸道院、龍虎山天師府、武當山太和宮、武當山紫霄宮、武漢長春觀、羅浮山沖虛古觀、青城山常道觀、青城山祖師殿、成都青羊宮、周至樓觀臺、西安八仙宮、華山玉泉道院、華山東道院、華山鎮嶽宮、千山無量觀、沈陽太清宮、嵩山中嶽廟、北京白雲觀。近年來，各地政府又陸續將一些宮觀作為開放宮觀或宗教活動點對外開放。這些地方宮觀主要有：

北京市：丫吉山碧霞祠。

天津市：天后宮。

上海市：上海海上白雲觀、上海欽賜仰殿、南匯縣東嶽觀、三林塘崇福道院。

河北省：永年縣玉皇宮、沙河市甄澤觀。

山西省：芮城永樂宮、解州崇寧宮、洪洞霍泉水神廟、解州常平村關帝家廟、太原龍山昊天觀（旁有道教石窟）、恒山三清殿。

內蒙古自治區：呼和浩特慈航廟。

遼寧省：丹東市鳳城鳳凰山紫陽觀。

吉林省：通化玉皇閣。

江蘇省：啟東呂四鎮三清殿、蘇州玄妙觀、如皋靈威觀。

浙江省：杭州玉皇山福星觀、餘杭洞霄宮、天臺山鳴鶴觀、椒江大陳島天后宮、玉環縣呂祖殿、金華雙龍洞、金華冰壺洞、金華朝真洞、大滌山洞霄宮、寧波佑聖觀、寧波丹德觀、樂清青雲觀、溫州雪山紫霄觀、永嘉東蒙山天然觀、天臺桐柏宮、臺州椒江龍翔道院、平陽城關東嶽觀、樂清紫芝觀、樂清北雁蕩山北斗洞、蒼南錢庫燕窩洞玉虛觀、温嶺新河道源洞、黃巖委羽山大有宮、平陽仙姑洞。

安徽省：鳳臺茅仙洞清天觀、休寧齊雲山太素宮、懷遠塗山禹王宮。

福建省：武夷山桃源洞、烏山道山觀、莆田江口東嶽廟、莆田黃石北辰宮、湄州媽祖廟、泉州關帝廟、莆田玄妙觀、柘榮天后宮，邵武玉虛道院、崇安葛仙廟、建陽白塔山龍濟道院、東蒙山天然觀、於山天君殿、烏山呂祖殿、泉州天后宮、泉州老君巖、南平溪源庵德雲觀、於山九仙觀、石竹山九仙觀、古田大橋臨水宮、武夷山天遊觀、武夷山武夷宮、泉州紫霄宮、泉州東嶽廟、柘榮仙嶼馬真人廟、南平德雲觀、樂清縣樂成紫芝觀、福鼎清雲觀、柘榮瓊雲觀。

江西省：南昌西山萬壽宮、萍鄉橫龍洞純陽觀、贛州三清觀、鉛山葛仙山觀、景德鎮斗姥閣、上饒三清山三清宮、廬山仙人洞、新餘羅坊色應觀。

山東省：青島嶗山上清宮、太平宮、濟寧常清觀、泰山玉皇頂、王母池、濟南北極廟。

河南省：鹿邑太清宮、洛陽邙山上清宮、洛陽純陽觀、開封延祥觀、鹿邑老君臺、南陽武侯祠。

湖北省：麻城五腦山帝主廟、紅安天臺山觀、黃陂木蘭山觀、通山九宮山觀、石首小南嶽道觀、長陽天柱峰道觀。

湖南省：衡山南嶽廟、衡山玄都觀、衡山祖師殿、長沙雲麓宮、瀏陽祖師巖、長沙水塘鄉河圖觀、衡山黃庭觀。

廣東省：廣州三元宮、廣州應元宮、廣州純陽觀、羅浮黃龍洞、羅浮白鶴觀、羅浮九仙觀、羅浮酥醪觀、惠陽玄妙觀、梅縣贊化宮、南海縣雲泉仙館、南雄縣洞真古觀。

四川省：重慶老君洞、遂寧射洪金華觀、江油市高觀、江油市金光洞、蓬溪高峰山道觀、彭縣葛仙山道觀、新津稠粳山老子廟、都江堰市青城山建福宮、青城山圓明宮、青城山上清宮、青城山玉清宮、都江堰八角廟、都江堰二王廟、大邑鶴鳴山迎仙閣、彭縣丹景山審魂殿、眉山蟆頤觀、西昌瀘山文昌宮、瀘山玉皇閣、瀘山青羊宮、瀘山五祖庵、南充舞鳳山道觀、三臺縣雲臺觀、安嶽朝陽洞、崇慶縣上元宮。

貴州省：貴陽仙人洞。

雲南省：巍山巍寶山土主廟、保山玉皇閣、騰衝雲峰山道觀、鳳慶東山寺、雲縣聖教寺、臨滄三教寺、騰衝盤龍寺、巍寶山斗姆閣、巍寶山道元閣、巍寶山玉皇閣。

陝西省：户縣重陽萬壽宮、華山雲臺觀、華山西嶽廟、隴縣藥王廟、漢中留侯祠、隴縣龍門洞、眉縣湯浴山青牛洞、佳縣白雲觀、太白山鐘離坪道觀、驪山老母殿、驪山老君殿、寶鷄金臺觀、山陽天竺山鐵鐘坪。

甘肅省：蘭州白雲觀、蘭州金天觀、玉盤水簾洞、隴西六宮殿、張掖道巷廟、西四十鋪永寧觀、臨夏萬壽宮、天水天靖山玉泉觀、天水倉頡宮、天水花石巖道觀、天水伏羲廟、平涼崆峒山太和宮、崆峒山紫霄宮、崆峒山龍隱寺、榆中興龍山道觀、敦煌西雲觀、蘭州藥王洞。

青海省：西寧土樓觀。

寧夏回族自治區：寧夏萬壽觀。

道教的洞天福地和宮觀廟宇，歷史悠久，建築恢宏，或在鬧邑都市，金碧輝煌；或在名山幽林，晨鐘暮鼓、它們點綴在山河大地上，有如顆顆璀燦的明珠，給錦繡中華平添一大人文景觀。在改革開放的今天和國家宗教政策保護下，這些古老的宮觀廟宇都重新煥發出青春和活力，在道徒的努力下，成為重要的宗教場所和人文觀賞景點，為國家的穩定、開放及旅遊事業做出了巨大貢獻。

一、全真叢林第一觀

——北京白雲觀

「沙晴冬候暖，古觀晚蒼涼，一徑踏殘葉，半庭餘夕陽。泥封丹竈合，石護醮壇坊，華表依稀似，蓬萊是故鄉。」這是清代詩人查慎行遊白雲觀時作的詩。

古都北京有着悠久的歷史，其名勝古跡遍佈於整座古城。在這衆多的勝跡中，有一處被譽為「洞天勝境」的道教廟宇。這就是號稱「天下第一觀」的北京白雲觀。道教全真龍門派始祖，「長春真人」邱處機的遺蛻便藏在觀內。幾百年來，這裏一直是北京道教的中心。元初，邱處機曾到大雪山(今阿富汗東北巴達克山西南)成吉思汗的行宮進謁。他以「節慾止殺」、「內固精神，外修陰德」、「恤民保衆，使天下安」勸告成吉思汗。成吉思汗封他為「神仙」，道教領袖。他一二二四年回來後，便住在白雲觀。從此以後，這裏便成為道教全真派三大祖庭之一。

白雲觀位於北京西便門外白雲觀路東側。據《北平廟宇通檢》所載，白雲觀係唐天長觀故墟。天長觀即今白雲觀的前身，原址在白雲觀西北高地，至今已有一千二百多年的歷史。唐王朝尊老子為始祖，唐玄宗李隆基為『齋心敬道』，於開元十年（公元七二二年）詔兩京及諸州各置玄元廟一所，以奉祀老子，上老子謚號為『玄元皇帝』。此後，在幽州（今北京）建起玄元廟，特命名為『天長觀』，並賜名刻老子像一尊，供奉於觀內（現尚存）。

金正隆五年（公元一一六〇年）北方契丹族南侵，天長觀遭兵火，焚燒殆盡。金世宗大定七年（公元一一六七年）敕命重修，由户部尚書張仲愈督辦，於大定十四年（公元一一七四年）三月竣工。規模比以前更加宏大。落成之時，觀内舉行了三天三夜的盛大道場，金世宗皇帝與太子都親自前來觀禮，並請當時著名道士閻德源任住持，開壇説戒，道教叢林傳戒制度由此開始。同年改天長觀為十方大天長觀。

大定二十六年（公元一一八六年），著名道士孫道明住持十方大天長觀觀事，曾於此編修《大金玄都定藏》。金明昌元年（公元一一九〇年）在觀東下院修瑞聖殿，奉祀金章宗母親本命丁卯之神，即今元辰殿。泰和三年（公元一二〇三）十二月改十方大天長觀為太極宮。當時的建築主要分中東西三路，中有玉虛三門、虛皇醮壇、玉虛殿、通明閣、延慶殿；東有鐘閣、大明閣、五嶽殿、澄神殿，東下院有瑞聖殿；西有飛玄閣、清輝閣、四瀆殿、生真殿。元初全真派創始人王重陽弟子邱處機（邱長春）於公元一二二四年，自雪山回到大都（今北京），入居太極宮，但因當時連年兵火，太極宮殿宇均已殘破，邱長春與諸弟子募化興工修葺，三年後，宮殿煥然一新。元太祖二十二年（公元一二二七年）諭旨改太極宮為長春宮，邱長春於是在此演教立龍門之宗。同年，長春真人邱處機羽化（去世）於長春宮內，其弟子尹清和等便在長春宮東立下院，建『處順堂』（今邱祖殿）安置邱真人靈柩。

元末，連年戰亂，長春宮原殿宇再次衰圮。明成祖朱棣於永樂時（公元一四〇三——一四二四年）敕命重修，以處順堂為中心進行擴建，始定現在的規模。又更名為白雲觀，一直沿用至今。明正統八年（公元一四四三年）正式賜匾額稱『白雲觀』。清初，龍門派第七代宗師王常月任白雲觀住持，先後三次在白雲觀開壇演戒，傳戒弟子一千餘人，深受康熙皇帝的器重，康熙為太子時便在王常月傳戒間受方便戒，現存白雲觀的金鐘玉磬就是康熙受方便戒時所賜之物。白雲觀在清康熙元年（公元一六六二年）、乾隆二十一年（公元一七五六年）、乾隆四十五年（公元一七八〇年）、嘉慶十三年（公元一八〇八年）、光緒及民國期間均有較大規模的重修和修繕。一九五六年及一九八〇年前後進行了兩次大規模的修繕，一九八八年動工修復『窩風橋』。

現在白雲觀除個別殿堂為金、元建築外，其餘殿堂屋室均係明清兩代建置。觀坐北朝南，南北長約二百八十公尺，東西寬約一百六十公尺，建築規模宏大，殿堂層層疊疊，布局緊湊，亭臺樓閣，清淨素雅，假山迴廊，錯落有緻。進入山門，分中、東、西三路及後花院。中路有照壁、牌樓、山門、竊風橋、靈官殿、玉皇殿、老律堂、邱祖殿、三清閣、四御殿等正殿及鐘鼓樓、三官殿、財神殿、救苦殿、藥王殿等配樓廡廊成軸線對稱分佈。向東過『抱元洞府』門為東路。東路現為生活區和中國道教協會和中國道教文化研究所，不對遊人開放，內有南極殿、斗姥閣、羅公塔、齋堂、齋厨等。向西過『會仙福地』為西路，內有祠堂院、八仙殿、呂祖殿、元君殿、文昌殿、元辰殿。後花園名雲集園，又名小蓬萊，內有戒臺、雲集閣、雲華仙館、友鶴亭、妙香亭、退居樓和假山迴廊等。觀內碑石林立，爐鼎香煙繚繞，殿堂樓閣四檐的風鈴隨風發出清脆的鈴聲。每當道衆誦經禮懺之時，鐘磬之聲伴和步虛之音，悠揚和雅。過去老北京每逢正月初七、初八求順星，十八、十九會神仙，觀竊風橋、打金錢眼，香客遊人接踵而來，是老北京逛廟、郊遊的一大去處。

現將主要殿堂依次介紹如下：

照壁：磚結構，長二十五點二公尺，高約五公尺，上有琉璃燒製的『萬古長青』四個大字，據説是元代書法家趙孟頫的手筆。

牌樓：又稱欞星門，建於明正統八年（公元一四四三年），為四柱七層重檐彩畫木質結構牌坊，正面匾額書寫著『洞天勝境』，北面書寫著『瓊琳閬苑』，門前有石獅一對。

山門：建於明正統八年（公元一四四三年），三間歇山式，三洞拱形門象徵道教所謂的

『三界』，額書『敕建白雲觀』，門前有華表、石獅各一對，門內東西各豎旗桿一根，高約二十餘公尺。山門的建築大半為石築，頂上屋脊和挑檐都是採用石頭砌成的，石壁上雕刻着各種花紋圖案。在北京有『三猴不見面，鐵打白雲觀，有門無人走，倒坐地極殿』的傳說。前者所說的三猴有一猴就雕刻在山門旁，據老北京的傳說，以前來白雲觀逛廟的遊客和信教羣衆為了祈求神靈感應，都要用手撫摸石猴，其意思即四季吉祥如意，另外二猴在觀內不同的地方。在山門北面還雕有南極老人像。

窩風橋：原橋曾毀，現為白雲觀管委會於一九八八年所建的基本保持原貌的仿古建築。此橋為單孔石拱橋，旱橋坑壁鑲嵌着花崗石，橋面及欄板、欄柱全部採用青白石砌成，橋四周的欄板和欄板柱，均雕有精緻的遊龍、飛鳳及雲頭圖案，顯得古樸幽雅。窩風橋邊打金錢眼，是歷來香客遊人最樂於參加的，祈求吉祥如意的一項祈福活動。

靈官殿：三間硬山式建築，始建於明景泰七年（公元一四五六年），清康熙元年（公元一六六二年）重修。殿內供奉道教護法神王靈官，像為明代木雕，右手執金鞭，左手掐訣，身披金甲，足踏風火輪，神武佇立，栩栩如生。殿內兩邊配有飛天神王馬勝元帥、黑虎降魔趙公明元帥、東嶽太保温瓊元帥、精忠報國岳飛元帥的絹絲畫像。殿前兩側有民國十三年（公元一九二四年）所立石碑各一通，東邊為《重修白雲觀殿宇橋梁碑》，記載白雲觀第二十一代方丈陳明霖募化修葺觀內中路各殿以及窩風橋之事，西邊為《白雲觀表德述異記》，記載民國時外界信衆施主向觀內增助布施即募化功德碑。殿外兩側各有無字碑一通。

鐘鼓樓：在靈官殿和玉皇殿之間的兩廂位置。為重檐歇山式建築，清代所建。東為鼓樓，西為鐘樓，與一般宮觀的東面鐘樓西面鼓樓相反，傳説這是為了擋西面西風寺的西風而把鐘換到西樓的。兩樓之間有一銅香爐為明代萬曆丁亥年（即萬曆十五年，公元一五八七年）鑄造。在鼓樓後面原有豐真殿，鐘樓後面原有儒仙殿，現豐真殿為三官殿，內供奉天官、地官、水官；儒仙殿為財神殿，內供奉比干、趙公明、關公。於一九九〇年十二月二十二日開光對外開放。同時開放的還有老律堂前東廂的救苦殿，內供奉太乙救苦天尊；老律堂前西廂的藥王殿，內供奉藥王孫思邈真人。

玉皇殿：始建於清康熙元年（公元一六六二年），乾隆五十三年（公元一七八八年）改建。面寬五間，歇山式建築。原名『玉歷長春殿』，康熙四十五年（公元一七〇六年）改為今名。殿門匾額書『玉皇殿』，兩旁楹聯文為：『巍峨咫尺天執掌陰陽生萬物，浩蕩神靈地觀看善惡易分明。』殿內正中有一木槅扇閣，閣內有三層木雕神龕，龕內供奉『昊天金闕至尊玉皇大帝』像（像為康熙時原物），身著九章法服，頭戴十二行珠冠冕旒。神龕掛的為百壽幡，中是門幡，兩邊是條幡、幢幡，為清代慈禧太后六十大壽之物，後來敕賜給了白雲觀。兩壁掛有南斗六星、北斗七星、三十六帥、二十八星宿等八幅絹絲工筆彩畫。兩邊的六尊銅像為明代萬曆年間鑄造，是玉皇大帝階前的左輔、右弼二侍臣和四大天師，造像鑄造精美，形態逼真。殿前有乾隆御筆碑兩通，東為《白雲觀重修碑記》，乾隆五十三年（公元一七八八年）建，西邊的碑文為滿文。

老律堂：建於明景泰七年（公元一四五六年）。面寬三間，前半部建築為懸山式，後半部建築為歇山式。原名七真殿，因全真龍門派歷代律師均在此傳戒説法，所以後來改名為『老律堂』。殿門匾額『老律堂』，兩旁楹聯文為：『五祖開宏恩濟世有功當崇敬，七真守密旨勸君無慾道自成。』殿堂開闊，是觀內道士進行宗教活動的重要殿堂。殿內供奉全真道七位真人，均係全真道創始人王重陽的弟子，正中為邱長春及二侍者，東邊為譚處端、劉處玄、馬鈺，西邊為郝大通、王處一、孫不二。殿中上方懸掛清康熙皇帝御筆匾額『琅簡真庭』。殿前東側有《長春真人行道碑》，光緒十二年（公元一八八六年）元月二十一日立。西側有《七真行道碑》，光緒十二年（公元一八八六年）四月十四日立。殿前正中有一八卦爐，東有一銅鐘，高約一點八公尺。西有一銅騾，高約一公尺，原為北京東嶽廟文昌閣的文物，後來移到這裏。據傳説清康熙南下時曾騎了一頭騾，這頭騾子為他安邦治國立下了很多功勛，康熙皇帝為了紀念它，便命人鑄了這頭銅騾子，這頭銅騾不僅形象逼真，而且還能祛病免災，祇要頭疼摸頭，肚疼摸腹，病即可癒。銅騾旁邊還有一棵老榆樹，樹幹直徑接近一公尺，枝葉繁茂，蔽蔭將近一百平方公尺。

邱祖殿：原名『處順堂』，建於金正大五年（公元一二二八年），面寬三間，歇山式建築。殿門匾額『邱祖殿』，原有楹聯為清乾隆皇帝御筆書，聯文為：『萬古長生不用餐霞求祕訣，一言止殺始知濟世有奇功。』現楹聯為玉溪道人書：『悟道藏玄機四海馳名朕信寵，見君禮稽首一言止殺救蒼生。』此殿係全真龍門派後裔奉祀邱處機真人的祖堂。殿中供奉邱真人塑像及『長春全德神化明應主教真君』牌位。殿中有一置於漢白玉石座上的『瘿鉢』，直徑近一公尺，上大下小，係一古樹根瘤雕製而成，有人說是宋時遺留下來的古鉢，後由清乾隆皇帝賜與白雲觀，觀內道士可持此鉢到皇宮内募化。原殿内周圍有壁畫，描繪了長春真人西遊之行的事蹟，還有十八宗師的畫像，今已不存。現殿壁有玉溪道人用隸書書寫的『邱祖青天歌』，元大書法家高翿書《道德經》碑的拓本。殿前有碑兩通，東為光緒八年(公元一八八二年)孟秋中立《邱長春真人實事》碑，西為光緒十二年(公元一八八六年)春三月立《白雲觀長春供會碑記》。

三清閣、四御殿：建於明代宣德(公元一四二六—一四三五年)年間，為五開間二樓歇山式建築，樓上是三清閣，樓下為四御殿。樓上殿門匾額題『三清閣』，旁有楹聯，聯文為：『無上三尊乃乾坤之主宰，混元一炁為造化之根源。』樓的東邊是藏經樓，西邊為朝天樓，又名望月樓。三清閣殿内供奉着道教最高尊神，中央供玉清元始天尊，左邊供上清靈寶天尊，右邊供太清道德天尊。樓下殿門匾額題『四御殿』，兩旁有二楹聯，一楹聯文為：『玉宇無塵月朗虛空三千界，神恩有應心誠可極九重天。』一楹聯文為：『左司玄化共理三才位中天萬象宗師，嶽瀆是依山川咸仗總十報恩薄乾元。』殿內供奉天上神界的四位大帝，中右昊天金闕至尊玉皇大帝，右邊萬星教主中天紫微北極太皇太帝，左二勾陳上宮南極天皇大帝，左邊承天效法後土皇地祇。像前設經壇，上面擺置有做道場用的法器、經書。每逢祖師聖誕節日，觀內都要在此舉辦隆重道場。四御殿前的院內有明嘉靖己丑年（即嘉靖八年，公元一五二九年）鑄造的一尊銅鼎爐，高一點一六公尺，放置在零點五公尺高的石座上，鼎周身雕鑄着精美的數十條雲龍圖案，三個鼎足各雕鑄狻猊頭像。院中西側有石，名『駐鶴石』，旁有古槐一株，直徑有一公尺多。院內東西廂房開闢為二個展室，根據歷史年代，分字畫、雕刻、經書、修煉、科儀等內容陳列。東展室陳列有：唐石刻老子像、宋玄武檀香爐、元邱長春雪山應聘圖、老子騎青牛青銅像、明絹絲彩畫三十二天神像、木刻呂洞賓像、青藤道士徐渭書芭蕉圖、正統版《道藏》經書、長幅太和山（武當山）祥瑞圖、清大幅雪山應聘圖、康熙御筆中堂、乾隆書對聯及橫幅、長春真人道行便裝像、以及元趙孟頫書《道德經》石刻拓片、吳道子畫十七神仙圖影印件、康熙賜金鐘玉磬、慈禧梅花清平圖等等。西展室陳列有，明清絹絲工筆彩畫三清、五老、斗姆、三臺、救苦天尊、鬼王等神像圖，十殿閻君圖、修真圖、內經圖、清刺繡法衣、白雲觀戒牒、日誦經典、戒律及道教齋儀使用的法器、近代道教風範圖片等等。

祠堂：位於西路南端，建於清康熙四十五年（公元一七〇六年），堂上祀奉全真龍門派第七代律師王常月的坐像。東西室壁上嵌有元趙孟頫書的《道德經》和《陰符經》，為白雲觀的珍寶之一。

八仙殿：建於清嘉慶十三年（公元一八〇八年），三間硬山式建築。殿柱楹聯文為：『紫氣太空顯道法，白雲深處藏神仙。』殿內供奉道教八仙，即鍾離權、呂洞賓、張果老、曹國舅、何仙姑、藍采和、李鐵拐、韓湘子八位神仙。

呂祖殿：三間硬山式建築，屋頂為綠琉璃瓦頂，是白雲觀唯一的一座琉璃瓦建築。殿門匾額書『呂祖殿』，楹聯文為：『一枕黃粱點破千秋大夢，九轉丹訣煉就萬劫真仙。』殿內供奉道教北五祖之一的呂純陽祖師，像兩旁各一侍者，像前牌位上書：『開山敬教純陽呂祖警化孚佑帝君。』祖師姓呂名巖，字洞賓，號純陽子，唐人，元至大三年（公元一三一〇年）被封為『純陽演正警化孚佑帝君。』

元君殿：建於乾隆二十一年（公元一七五六年），三間硬山式建築。原名子孫堂。殿中央供奉天仙聖母碧霞元君，左邊供奉送子娘娘、催生娘娘，右邊供奉天花娘娘、眼光娘娘。

文昌殿：三間硬山式建築。原為北五祖殿，神像已毀，現殿內正中供奉梓潼文昌帝君銅像，左上供至聖先師孔子神位，右上供朱熹夫子神位。兩旁還各有銅像四尊，共八尊。門外還有銅立像一尊。

元辰殿：又名『六十甲子殿』。建於金章宗明昌元年（公元一一九〇年），金時原名『瑞聖殿』，是金章宗為其母所建，奉祀太后本命之神。殿外現有重修白雲觀而立的石碑兩通，一為顧頤壽撰文，一為趙士賢撰文，兩通碑都是光緒丙戌年（即光緒十二年，公元一八八六年）立。殿中央供奉四頭八臂的斗姥元君。斗姥是道教信奉的女神，有傳説斗姥是北斗衆星的母親，《玉清無上靈寶自然北斗本生真經》記述説，斗姥是龍漢年間周御王的妃子，號『紫光夫人』。先後生下九個兒子。前二子為天皇大帝、紫微大帝，後七子分別是貪狼、巨門、禄存、文曲、廉貞、武曲、破軍七位星君，也就是人們説的北斗七星。斗姥兩旁配祀的銅像為『左輔、右弼』。周圍是重塑的六十元辰像，這六十位星宿神的神名都是用天干（甲乙丙丁戊己庚辛壬癸）和地支（子丑寅卯辰巳午未申酉戌亥）循環相配而得，從甲子起至癸亥止，干支順序相配，滿六十為一週，故名六十甲子。與本人出生年份相應的年被稱為本命年，相應的星宿神為本命元辰。舊時習俗前來祈拜自己的本命元辰——星宿神，就能吉祥如意，而稱之為『求順星』。

下附六十星宿神名：甲子太歲金辨大將軍、乙丑太歲陳材大將軍、丙寅太歲耿章大將軍、丁卯太歲沈興大將軍、戊辰太歲趙達大將軍、己巳太歲郭燦大將軍、庚午太歲王濟大將軍、辛未太歲李素大將軍、壬申太歲劉旺大將軍、癸酉太歲康志大將軍、甲戌太歲施廣大將軍、乙亥太歲任保大將軍、丙子太歲郭嘉大將軍、丁丑太歲汪文大將軍、戊寅太歲魯先大將軍、己卯太歲龍仲大將軍、庚辰太歲董德大將軍、辛巳太歲鄭但大將軍、壬午太歲陸明大將軍、癸未太歲魏仁大將軍、甲申太歲方查大將軍、乙酉太歲蔣崇大將軍、丙戌太歲白敏大將軍、丁亥太歲封濟大將軍、戊子太歲鄒鐺大將軍、己丑太歲傅佑大將軍、庚寅太歲鄔桓大將軍、辛卯太歲范寧大將軍、壬辰太歲彭泰大將軍、癸巳太歲徐單大將軍、甲午太歲章詞大將軍、乙未太歲楊仙大將軍、丙申太歲管仲大將軍、丁酉太歲唐查大將軍、戊戌太歲姜武大將軍、己亥太歲謝太大將軍、庚子太歲盧祕大將軍、辛丑太歲楊信大將軍、壬寅太歲賀諤大將軍、癸卯太歲皮時大將軍、甲辰太歲李誠大將軍、乙巳太歲吴遂大將軍、丙午太歲文哲大將軍、丁未太歲繆丙大將軍、戊申太歲徐浩大將軍、己酉太歲程寶大將軍、庚戌太歲兒祕大將軍、辛亥太歲葉堅大將軍、壬子太歲丘德大將軍、癸丑太歲朱得大將軍、甲寅太歲張朝大將軍、乙卯太歲萬清大將軍、丙辰太歲辛亞大將軍、丁巳太歲楊彦大將軍、戊午太歲黎卿大將軍、己未太歲傅賞大將軍、庚申太歲毛梓大將軍、辛酉太歲石政大將軍、壬戌太歲洪充大將軍、癸亥太歲虞程大將軍。

雲集園：又名小蓬萊，建於清光緒十三年（公元一八八七年）。院内以三個庭院連結而成，遊廊迂迴，假山環繞，中是雲集山房、戒臺，東是雲華仙館、友鶴亭，西是退居樓、妙香亭、別有洞天。院内間植花木，緑樹成蔭，清新幽静，古人有『別有洞天』、『小蓬萊』書刻於院門上。雲集山房東側有民國二十一年（公元一九三二年）立《白雲觀玉器業公會善緣碑》，西側有民國十七年（公元一九二八年）二月立《白雲觀碑》，雲集山房前左有民國三年（公元一九一四年）立《白雲觀陳毓坤方丈傳戒碑記》，前右有民國八年（公元一九一九年）

立《白雲觀陳毓坤方丈二次傳戒碑記》。雲集山房對面是戒臺。戒臺為授戒之地，傳戒是道教十方叢林的重要活動。相傳白雲觀在鼎盛時每年要舉行兩次傳戒，最早時曾有一壇戒長達一百日，但據《白雲觀誌》載，凡授戒分二時春秋季，春戒二月十五日（指農曆，下同）至四月初八日止，秋戒十月十五日至十二月初八日止，均為五十三天。

來觀參加受戒的道士稱『戒子』，戒子須由本廟住持許可方可到十方叢林受戒，先學道教儀範、經典、戒律等。傳戒之後，還須『考試』，成績列首位者為『天』字號，在授戒完後留在觀內再習經典，日後可成為叢林方丈的候選者。

戒壇分為三期，第一壇於大殿，宣示要目；第二壇為密壇，夜深人靜時宣示之，不令外人所知，過此壇後戒子就成為正式受過戒的全真道的道士，發給戒牒、戒衣、鉢、規四種；第三壇為最後宣示戒律等。

由於戰亂等各種歷史原因，全國道教界全真道的傳戒已停止幾十年了，一九八八年十一月，中國道協第四屆二次理事會議作出了恢復全真傳戒的決議，成立了傳戒儀典籌備小組，以傳元天大師為籌備組負責人。經過一年的籌備，於一九八九年十一月十二日至十二月二日，即農曆十月十五日至冬月五日，在白雲觀舉行了隆重傳戒受戒儀典，為了不影響正常教務與勞動自養，將時間縮短為二十天。

這是一九四九年後首次傳戒，由全國各地宮觀舉薦來受戒的全真道士七十五人。這次傳戒律師是受過天仙大戒的白雲觀第二十二代方丈王理仙，協助律師傳戒的八大師有，證盟大師許至有，監戒大師江誠霖，保舉大師黃宗陽，演禮大師張信益，糾儀大師李宗智，提科大師閻宗隆，登籙大師曹理義，引請大師陳宗耀。

白雲觀自蒙古成吉思汗建長春宮至今，建築不斷擴建，格局日趨完善，長期保留了道教全真第一叢林的地位，並以衆多的珍貴文物、殿堂及動人的故事傳說，深深吸引着廣大遊客和信教羣衆，成為北京的一大名勝和道教聖地。

二、蓬萊仙境何處尋

（一）嶗山道觀

嶗山，位於山東半島西南部，青島市區以東四十公里處。歷史上稱它為牢山、勞山、輔唐山及鰲山。它是我國沿海的名山，主峰名巨峰，也稱嶗頂，海拔一一三二·七公尺。嶗山山巒峭拔聳秀，澗壑曲折，危石累累欲動，削壁並列穿空。二百多根石柱，形象似羅漢，似道士，似文人，似武士，高高指向藍天。奇峰怪石，比比皆是，如五指峰、美女峰、獅子峰、華樓峰、將軍石、駱駝石、綿羊石、老人石、仙人石等等。山中古柏蒼松競翠，修竹奇花争妍，山海相連，雲飛霞飄，構成一幅雄偉生動的畫面。

嶗山地處僻靜的海濱，巖深谷幽，自古被人視為『神仙窟宅，靈異之府』，傳説嶗山裏不但住有神仙，還有吃了可以長生久視的仙丹妙藥。歷代不少著名的方士、道人前來嶗山隱居修煉。據説當年秦始皇遣徐福往東海求仙藥時曾到過嶗山，至今大清宮前海中尚有徐福島，為徐福東渡入海處。歷代文人如李白、蘇軾、文徵明、顧炎武、康有為等都遊過嶗山，留下了很多讚美嶗山的詩文刻石和碑碣。

嶗山方圓百里，為我國北方道教發祥地之一。到宋、元時代發展成『九宮八觀七十二廟』，為道教全真教第二叢林。著名道士邱處機和張三豐曾在這裏留下大量遺跡。道教宮觀星羅棋布，其中著名的有太清宮、神清宮、遇真宮、華樓宮、太平宮、上清宮、明霞洞等。現太清宮、上清宮、明霞洞、太平宮已對外開放為道教活動場所。

一、太清宮

太清宮，又名下清宮、下宮，位於嶗山東南隅太清灣畔，面臨大海，背依老君峰、桃園峰、望海峰、東華峰、重陽峰、蟠桃峰、西玉峰等七峰，有『峰抱三方列，潮迎一面來』之説。在嶗山道教廟宇中歷史最久、規模最大、道衆最多、影響最深。據《太清宮誌》記載，西漢建元元年（公元前一四〇年）有江西瑞州府張廉夫棄官來嶗山修道，築茅庵一所，供奉三官大帝，名『三官廟』。唐天祐元年（公元九〇四年），河南道士李哲玄東遊嶗山，至此與張道冲等修建殿宇，供奉三皇神像，稱『三皇庵』，後稱『太清宮』。金章宗明昌年間，全真道士邱處機、劉長生等曾在此弘闡全真教。劉長生在此創全真隨山派，信衆甚多，太清宮也就成為道教全真隨山派的祖庭。

金大安元年（公元一二〇九年），邱長春由膠西重來太清宮説法，曾留詩十首，刻於本宮三皇殿後的巨石上。元末明初，著名道士張三豐曾兩次來嶗山太清宮隱居。明萬曆年間，太清宮曾一度衰落，萬曆十三年（公元一五八五年）憨山和尚於宮前建海印寺。太清宮一名叫耿義蘭的道士進京上告，萬曆皇帝於二十八年（公元一六〇〇年）降旨毀寺復宮，復建後的規模較先前有所擴大。明萬曆皇帝曾賜太清宮《道藏》一部，現書存青島市博物館。

太清宮佔地面積四四四二平方公尺，殿宇房舍一五五間，主要由三個大殿、四個配殿、長老院及客房等組成。三皇殿建在太清宮的西南角高坡下面，據説是當年張廉夫修建第一座茅庵的舊址。殿内供奉神農、伏羲、軒轅三皇，香煙繚繞，莊嚴肅穆。殿内東西兩壁上嵌有元太祖成吉思汗頒發給邱處機的兩道聖旨及金虎牌文的石刻碑。碑文書法十分流暢瀟灑，語言也别具趣味。其中成吉思汗將邱處機尊之為『真人』、『神仙』，可見對其十分尊重。

三皇殿後面的樹叢中，有一塊圓石，上面刻有邱處機的詩，字徑約五公分。録其四首於下：

其一：『煙嵐初別上清宮，曉色依稀路徑通。
　　　纔到下方人未食，坐觀山海一鴻濛。』
其二：『雲海茫茫不見涯，潮頭衹見浪翻花。
　　　高峰萬疊連雲秀，一簇團屏是道家。』
其三：『松風澗水兩清幽，盡日清音夜不收。
　　　野鶴時來應不倦，閒人欲去更相留。』
其四：『雲煙慘淡雨霏霏，石洞留人不放歸。
　　　應是洞天相顧念，一生嗟我到來稀。』

三皇殿院内有兩棵高大蒼老的柏樹，相傳西邊一棵為張廉夫手植，至今已有兩千多年的歷史。一株碗口粗的凌霄盤繞在柏樹上，直發頂梢。這棵古柏的樹幹中部有一樹洞，從樹洞中又『橫樹出世』生長了一棵五倍子樹，當地人稱『鹽膚木』，也有一丈多高，憑藉一個小小的樹洞，花繁葉茂，年復一年地生存下來。每當七、八月間，凌霄在十幾丈高的柏樹上開着碗口般的紅花，老樹紅花，十分引人。這種樹生樹、樹纏樹，喬木、灌木、藤蘿一體，別具風采，蔚為奇觀。樹旁有一為此奇觀題刻的石碑，上刻『漢柏蟠龍』四字。

步出三皇殿的山門外，沿着神水泉畔登上十八級寬大的石階，便是太清宮的主殿——三清殿。殿內供奉道德天尊、元始天尊、靈寶天尊神像。殿門外東側，蓬仙橋頭，長有一棵橫臥虬曲的榆樹，據説此樹為唐代道士張道冲種植，被稱為唐榆。現此樹高達十五公尺，主幹樹圍達四公尺，由於它枝幹糾纏如龍，也叫『龍頭榆』。西側下有嶗山第一名泉『神水泉』以及關岳祠，祠內供奉關羽和岳飛的神像。據傳，蒲松齡當年就寄居於此，《聊齋誌異》中的一些著名作品如《香玉》、《嶗山道士》等就是在這裏寫下的。

東院正殿為三官殿，殿內供奉天、地、水三官及真武大帝、雷神等神像。從東廂房側向東走，一塊山石上刻着明萬曆年間為太清宮定的界址，旁邊有一四合院名『翰林院』，為清末翰林尹琅若所建。再南是『經神祠』，為紀念漢代經學大師鄭玄而建。

三官殿院內共有三進，植有耐冬、白牡丹、銀杏、紫薇等名花古樹。第三進院內有『耐冬』樹，隆冬開花，花期半年，傳為明初張三豐手植，蒲松齡《聊齋誌異·香玉》篇中的『絳雪』花神，傳説即此樹的化身。

宮東道旁還有一巨石，高三公尺多，上刻『波海參天』四個楷書大字，下刻小字『始皇帝二十八年遊於此山』。每當暮色降臨之時，山色朦朧，海風拂面，波光粼粼，皓月當空，此即嶗山十二景之一『太清水月』。

太清宮於一九八二年被國務院定為全國道教重點宮觀之一。

二、上清宮

上清宮亦稱上宮，位於嶗山東南麓崑崙山南坡，太清宮之西北。此宮原在山上，名『嶗山廟』，相傳漢代鄭康成曾設帳授徒於此。宋太宗時改建，並賜名『上清宮』，後被洪水襲毀。元大德年間（公元一二九七—一三〇七年）華山派道士李志明於現址重修，並有碑文記載。明清兩代以及一九六五年亦重修過。文化大革命中神像、石碑、供器均被毀壞。

現上清宮有前後兩處庭院和偏院，殿宇房舍二十八間，佔地面積約一千平方公尺。前殿供奉三清，後殿供奉玉皇，左偏殿供奉三官，右偏殿供奉七真。前殿院西窗下，有白牡丹一株，高約二點六公尺，花開季節，芳香襲人。宮周圍羣山環抱，蒼松翠竹，奇石屹立，清泉飛鳴，環境幽靜。宮南二百公尺處有邱祖墳，即邱處機的『衣冠冢』。宮前有小橋，名『迎仙橋』。過橋有古銀杏兩株，蒼勁古樸，東側一株，胸圍近七公尺，老幹中空，環生蘖株七棵，横枝上突有三個下垂的瘿瘤，極為罕見，樹齡已逾千年，被譽為『仙樹』。宮西有朝真橋，有巨石名『鰲山石』，石上刻有『鰲山太清宮』字樣。石下有泉，名『聖水泉』，為嶗山名泉之一，甘洌清澄。邱處機曾於上清宮留下的十首詩，鐫刻在玉皇殿西牆外的渾元石上，現石已下陷，字被砸損，已辨認不清。但邱祖留下的《青玉案》一首詞，刻在上清宮東面的一巨石上，字跡還頗清晰。詞云：

乘舟共約煙霞侶，策杖尋高步，直上孤峰尖險處。長吟法事，浩歌幽韻，響過行雲住。

憑高目斷周四顧，萬壑千巖下無數。匝地洪濤吞島嶼，三山不見，九霄凝望，似入鈞天去。

三、太平宮

太平宮位於嶗山東部上苑山麓，仰口海灣。初名『太平興國院』，又稱『上苑』。係宋太祖為華蓋真人劉若拙敕建的道場，落成於太平興國年間(公元九七六—九八四年)，故名『太平』。金明昌年間(公元一一九〇—一一九六年)重修。明、清時亦重修。正殿為三清殿，供奉三清和玉皇，照壁上刻有『海上宮殿』四個大字，傳為清代書法家華世奎手書。東西配殿為三官殿和真武殿，供奉三官和真武。西院有一口井，名『龍涎井』。東院有一石砌鐘亭，內懸銅鐘一口，晨曉撞鐘，可聲聞數里，此景乃有名的『上苑曉鐘』。又因在此可兼賞松濤與海濤之聲，故『上苑聽濤』為嶗山十二景之一。宮東可見嶗山著名的奇峰異石，獅子峰、綿羊石都在東面，獅子峰狀若巨獅仰空怒吼，峰頂平坦，可眺望海景，觀海上日出，『獅峰賓日』乃一大奇觀，為嶗山十二景之一。綿羊石為巨石疊架而成，似一跪伏的綿羊，故名。

宮西絕壁矗立，下有巨石疊架而成的天然石洞，洞內較為高敞，洞旁眠龍石上鐫刻『猶龍洞』三字。攀上巨石，洞頂平坦，上面刻有『混元石』三字及星斗圖案，昔有道士於此踏罡步斗。宮北山坡下有澗水噴湧，相傳曾有人見白龍在澗中戲水，故名『白龍澗』，澗底巨石纍纍，橫跨兩岸，稱仙人橋。過橋跨白龍澗可見由幾塊巨石天然形成的『白雲洞』，洞口上額刻有邱處機留下的二十首詩及序，字徑十餘公分，刻工亦佳，為嶗山最負盛名的刻石遺跡。其序曰：『東萊即墨之牢山，三圍大海，背負平川，巨石巍峨，羣峰峭拔，真洞天福地一方之勝境也。然僻於海曲，舉世鮮聞，其名亦不佳。予自昌陽醮罷，抵於王城永真觀。南望烟靄之間，隱隱而見。道衆相邀，遷延數日而方屆，遂閒吟二十首，易為鰲山，因暢道風雲耳。棲霞長春子書。』

下錄詩四首以饗讀者：

其一：『卓犖鰲山出海隅，霏微靈秀滿天衢。
羣峰削蠟幾千仞，亂石穿空一萬株。』

其二：『華蓋真人上碧霄，道山從此蔚清標。
至今絕壁幽谷下，尚有羣仙聽海潮。』

其三：『道祖二宮南鎮海，王明三崮北當途。

是知物外仙遊境，不向人間作畫圖。』

其四：『牢山本即是鰲山，大海心中不可攀。
上帝欲令修道果，故移仙跡在人間。』

四、明霞洞

明霞洞位於上清宮北約三公里的崑崙山巔。從上清宮或太清宮沿山路拾級而上均可至。該洞由巨石崩落疊架而成，為上清宮的別院。建於金大定二年（公元一一六二年）。洞額『明霞洞』三字傳為邱處機所書。原洞高大寬敞，周圍建有慈航殿、三清殿、斗姆宮等。明代道士孫紫陽曾在此修煉。清康熙年間，毀於山洪，洞石大半陷入地下。現存主要建築斗姆宮，建於元代，經歷代修整，保存完好。宮內供奉斗姆元君。宮側有上、中、下三眼泉井，泉水自上而下，潺潺流注，大旱不涸。

從斗姆宮後拾級而上至一絕壁下，有一橢圓形洞，名玄真洞，洞高二公尺，洞壁十分光潔。相傳為著名道士張三豐修煉過的地方。洞東側有一小洞，一說為孫紫陽修煉處，一說小洞曾有一僧人於此修行，後被張三豐度化。崑崙山極頂有天池，附近尚有筆架山、鐵佛澗、萬年船等名勝。明霞洞地勢高曠，洞前平臺可遠眺羣山逶迤，山海空蒙，朝霞燦爛，雲霧繚繞，嶗山勝景『明霞散綺』即在這裏。

（二）泰山道觀

泰山，古稱岱山，又名岱宗，春秋時改稱泰山。因地處我國東部的山境內，故又稱為『東嶽』，為我國五嶽之一。在道教『洞天福地』的三十六小洞天中列第二小洞天，尊其神為東嶽齊天聖帝。泰山位於山東省濟南、泰安、歷城、長清等市縣之間，京滬鐵路東側，到泰山乘火車在泰安站下車，然後乘汽車進山。現泰山中天門至月觀峰修有登山索道，遊人可乘纜車。泰山總面積四二六平方公里，主峰天柱峰海拔一五三二·八公尺。山勢磅礴雄偉，峰巒突兀峻拔，景色壯麗，素有『五嶽之長』、『五嶽獨尊』的稱譽。

古代以東方為萬物交替、初春發生之地，歷代帝王多來泰山朝拜，進行封禪大典。周以後，秦始皇、漢武帝、唐高宗、唐玄宗、宋真宗、清康熙、乾隆等都曾到泰山進行祭天封禪。一九八七年五月在岱廟舉行了仿帝王封泰山的表演活動，形象地再現了古代帝王封泰山的宏大歷史場面。

泰山上下，文物古跡，比比皆是，著名的風景名勝有龍潭飛瀑、柏洞、雲步橋、望人松、瞻魯臺、日觀峰、月觀峰、扇子崖、傲來峰等。文物古跡有岱廟、碧霞元君祠、玉皇宮、王母池、紅門宮、斗姆宮、五松亭、南天門、普照寺和歷代石刻。革命文物有孫中山奉安紀念碑、馮玉祥墓、革命烈士紀念碑及古代農民起義天勝寨、凌漢峰等。泰山名勝古跡以主峰為中心，呈放射狀，分麗區（山麓）、幽區（登山東路）、妙區（山頂）、奥區（岱陰）和曠區（登山西路）。

泰山是我國山嶽公園之一，又是天然的歷史、藝術博物館，是東方文化的寶庫。一九八七年聯合國教科文組織把泰山列入世界文化和自然遺產目録，泰山的地位和價值開始從中國走向世界，成為全人類共有的寶貴財富。

由於風景絶秀，泰山很古以前就被人們認為是神仙居住的聖地，是神仙家和方士們活動的重要場所。道教形成以後，它自然成為道教著名的『洞天福地』。泰山的道教宮觀著名的有岱廟、碧霞元君祠、玉皇宮、王母池、斗姆宮等。碧霞元君祠、玉皇宮、王母池已作為道教活動場所對外開放，碧霞元君祠在一九八二年被國務院定為全國道教重要宮觀之一。

一、岱廟

岱廟，舊稱東嶽廟，俗稱泰廟，位於泰山南麓泰安市泰山路。是歷代帝王舉行封禪大典和祭祀泰山神的地方。也是歷代道教著名宮觀。據説岱廟秦既作疇，漢亦起宮，唐代增修，宋代擴建，至北宋宣和四年（公元一一二二年），已建殿、堂、樓、廊等共八一三楹。金、元、明、清各代均有增修。為我國大型宮殿式建築羣之一。其總體布局以南北為中軸，分中、東、西三路，兩側配以廡殿、廊亭，四周建高大圍牆，四隅起角樓。設有八座門，南向正門為正陽門，東西兩側掖門為仰高門、見大門，東西兩向為東華門、西華門，北向後宰門以及前部的仁安門、配天門。中路以天貺殿為中軸，鐘鼓樓左右對稱，前有仁安門、配天門，後有寢殿三，左為漢柏院、東御座院，右為唐槐院、道舍院。佔地面積一六〇餘畝，建築面積達九六五〇〇平方公尺。整個廟內殿宇巍峨，雕梁畫棟，金碧輝煌，古樹參天，碑石林立。

天貺殿是岱廟的主建築，始建於北宋大中祥符二年（公元一〇〇九年），幾經大火、地震，清初重建。殿面寬九間，進深四間，重檐歇山式建築，上蓋黃琉璃瓦，檐下八根大紅明柱，彩繪斗拱，石臺基，白石雕欄。檐間懸『宋天貺殿』直額。殿內正中奉祀東嶽大帝。殿壁繪『東嶽泰山神出巡』壁畫，東壁繪『啟蹕』，西壁繪『回鑾』，高三點三公尺，長六十二公尺。畫面以儀仗人物為主，共六十九人；間插珍奇異獸、山川樹木、亭榭樓閣，如此人物衆多、布局周密、筆法流暢的壁畫，實為國內藝術珍品。

遥參亭在正陽門外，為明代擴建。門前有四柱三門三樓的『遥參』石牌坊，左右有石獅、旗桿各一對。院内正殿為五開間，黃琉璃瓦歇山式建築。前有露臺，兩側有廡廊各三間。

東御座院位於配天門東側，為清帝駐蹕之所，是一座四合院式行宮，院正殿內陳列着清代帝王用具及祭器。其中有稱為『泰山三寶』的明成化年間的黃地藍花『釉瓷葫蘆』、清製『沉香獅子』和『温凉玉圭』，均為乾隆帝御賜。院內還有著名的秦『泰山刻石』。據說，秦『泰山刻石』為秦始皇和秦二世記功德的刻石，小篆體，秦丞相李斯書。原文二百二十二個字，立於泰山頂玉女池旁，宋劉跂曾摹其文，尚有一百四十六個字可讀。明嘉靖年間移至碧霞祠時只剩二十九個字，清乾隆五年（公元一七四○年）毀於火。嘉慶二十年（公元一八一五年）浚玉女池，復得殘石，僅餘十字，遂嵌於山頂東嶽廟西新築的室內。道光十二年（公元一八三二年）牆廢圮，索殘片於瓦礫之中，移至山下道院，後又移嵌於現址，祇有九個半字了。宋代的歐陽修、董逌均為之寫過『跋』，予以高度評價，為國家珍貴文物。院內還有清代所植的松柏、檜柏、檜樹各一株。

漢柏院位於廟東南隅炳靈門內，院內有漢元封元年（公元前一一○年）武帝東封泰山時親手所植的柏樹，故名。漢柏現存五株，老枝杈杈，枝葉繁茂，蒼勁峭拔。還有歷代詩人、書法碑刻四十餘方。

銅亭又名金闕，位於岱廟後院東側，明萬曆四十三年（公元一六一五年）鑄造。原在泰山頂碧霞祠，清代移至泰安城內靈應宮，一九七二年再遷至現址。亭體為銅鑄仿木結構形式，面寬四點四公尺，進深三點四公尺，高五公尺多，造型工藝精巧，端莊渾重，為我國僅存的四大銅亭之一。

鐵塔位於岱廟後院西側，與銅亭相對，明嘉靖十二年（公元一五三三年）鑄造。原在泰安城西天書觀，一九七三年遷於現址。原塔六角十三層，分層鑄造，現僅存最下面的三層，上面十層已無存。

岱廟內各處庭院廡廊碑刻林立，據初略統計現保存歷代碑碣一百五十七方，其中有修廟祭告碑四十二方，經幢六座，題名刻碑十二方，石刻九方，詩詞八十二方。這些碑刻大部為帝王重臣、名流大家之作，幾乎集我國書法藝術之大成，真、草、隸、篆，體例俱全；顏、柳、歐、趙，風格各異，堪稱『岱廟碑林』。

二、王母池

王母池位於泰山南麓泰安市岱宗坊東北梳流河右岸，古稱羣玉庵，唐稱瑶池、王母池。創建年代無考，現存多為明代建築。依山傍水，三進廟堂式建築。前院正門内有王母池，四周環以石欄，中架拱橋。池東立有《泰山鑿泉記碑》，池西有王母泉，泉水清澈甘冽，池北有一洞，洞内有《重修王母殿碑》一通，為宋皇祐五年（公元一〇五三年）立。中院正殿為三開間，殿内供奉王母銅像。殿東有觀瀾亭，亭下為一山澗，憑亭仰視可見虎山水庫飛瀑，俯視『虬在灣』和梳流河，灣水清澈。後院為吕祖殿。梳流河東有吕祖洞，傳為吕洞賓煉丹處。河上有八仙橋、王母橋等古跡。王母池四周林木葱鬱，溪水潺潺，清泉甘冽，清幽絶俗。

三、碧霞祠

碧霞祠位於泰山天街東首，初名昭真祠，金代稱昭真觀，明代改稱『碧霞靈佑宮』，清乾隆年間改今名。碧霞祠創建於宋真宗大中祥符二年（公元一〇〇九年），明代曾進行擴建，清雍正八年（公元一七三〇年）又增修了歌舞樓（亦稱南神門）及東西神門閣。乾隆三十五年（公元一七七〇年）又對部分殿堂進行維修，為了防止高山風雨剥蝕及電擊，將正殿改為銅頂，大殿的蓋瓦、鴟吻、脊獸，檐鈴均為銅鑄。整座建築總面積有二千九百多平方公尺。

祠以山門為界分為內外兩院，外院有歌舞樓（南神門）和東、西兩神門閣。神門為拱券石築，上面各築石閣，東西神門為攀登玉皇頂、日觀峰、瞻魯臺必經之路。南神門左右各一室是祠的南大門，門額題『金闕』。門南有四十五度坡石築的四十二級臺階。向南有一為香客焚表用的『焚帛亭』，亦稱『寶藏庫』，亭南牆壁上刻有康熙皇帝御書的『萬代瞻仰』四個大字。山門外的平臺前，東西各立一碑，均刻有道光年間重修碧霞祠記。山門為瓦鐵冶，門上一直額，書『碧霞祠』。山門內兩旁各供奉有兩尊銅質大神像，前為『青龍』、『白虎』神，後為趙公明、劉挺。進山門為祠的主院，也就是內院。

院前有兩座焚香帛的鼎爐。一座為明嘉靖九年（公元一五三〇年）鑄『千斤鼎』，另一座為萬曆十七年（公元一五八九年）銅鑄的『萬歲樓』。『萬歲樓』上鑄有『皇帝萬歲、萬萬歲』

字樣，故名。

院内東西兩側有清乾隆御碑和碑亭各一座。院中央有香亭，香亭前有『靈官神龕』，龕内供奉銅鑄王靈官神像。香亭左前方有明萬曆四十三年（公元一六一五年）立的《泰山天仙閣金闕銅碑》，右前方有明天啟五年（公元一六二五年）立的《泰山靈佑宮銅碑》，兩碑高達五公尺。香亭為重檐，亭匾額題『金光普照』，亭内供奉銅鑄『泰山奶奶』（人説為碧霞元君的俗稱）。東西配殿各三間，鐵瓦覆頂，内供送生娘娘、眼光娘娘銅鑄神像。正殿為碧霞元君殿，五開間重檐歇山式建築。高十四點二五公尺，長二十四點七五公尺，寬十三點八公尺。殿頂由三百六十壠銅瓦組成，以應周天之數。檐脊的裝飾物也均為銅鑄。殿門匾額『贊化東皇』為乾隆皇帝御筆。殿内供奉碧霞元君神像，原為玉製，明萬曆年間改為鎏金銅像，鳳冠霞帔，面目端莊，神態安祥。殿内上方匾額『福綏海宇』為雍正皇帝御筆。

我國民間稱『碧霞元君』為泰山娘娘。並傳説『泰山娘娘』能使婦女多子，又能保護兒童，所以信仰的羣衆很多，不僅泰山有廟，舊時各地亦多建『娘娘廟』。碧霞元君是泰山最有聲望的女神，每年春夏二季間來泰山向碧霞元君進香朝拜者成千上萬，近者數百里，遠者數千里，這時是廟内香火最盛的時候。

碧霞祠於一九八二年被國務院定為全國道教重點宮觀之一。

四、玉皇殿

玉皇殿位於泰山主峰天柱峰之頂，俗稱『玉皇廟』、『玉皇頂』。廟門有一對聯，聯文為：『地到無邊天作界，山登絶頂我為峰。』院內正殿三間，殿內供奉玉皇大帝塑像。周有配房近十間。東有觀日亭，是觀賞『旭日東昇』的最好之處。西有望河亭，有『晚霞夕照』、『雲海玉盤』、『黃河金帶』等著名景色。院中央有極頂石，上刻『極頂』二字，四周圍以石欄。另有『古登封臺』、『天左一柱』等石刻環列其旁。門外有一高六公尺，寬一點二公尺，厚零點九公尺的石碑，形制古樸，上無一字，故稱『無字碑』。傳為秦始皇所立，現有人認為是漢武帝或漢章帝東封泰山時所立。

(三) 天津天后宮

『補天媧神，行地母神，大哉乾，至哉坤，千古兩般神女；治水禹聖，濟川后聖，河之清，海之晏，九州一樣聖功。』這是鄭仁圃撰讚天津天后宮的聯語。

天后宮，又稱『天妃宮』，俗稱『娘娘宮』，位於天津市舊城東北角的南、北運河與海河的三漢口西岸，古文化街中心。始建於元泰定三年（公元一三二六年），明永樂元年（公元一四〇三年）重建，正統十年（公元一四四五年）重修。清代曾進行整修擴建。

相傳『天后』又叫『媽祖』，姓林名默，為五代末閩王都巡檢林願的第六女，福建莆田人。能乘席渡海，好拯人危難，年二十七羽化於莆田湄洲。後被尊為『天上聖母』、『海母娘娘』，尊之為海上的保護神。

從宋朝至清朝皇帝封號達三十個。傳說，凡海上有難，或海盜侵擾及水旱病疫，有祀輒應。沿海多有『天后宮』或『媽祖廟』，尤以臺灣省媽祖廟更為普遍。

天津的天后宮現存建築有牌樓、旗桿、山門、天王殿、大殿、後殿、配殿、戲臺、鐘鼓樓，是天津市現存建築中最古老的一處。大殿內供奉天妃娘娘塑像，像高二點七公尺，霞衣鳳冠，容貌端莊，兩旁立有四侍女塑像。

天后宮自元代以來為天津的海祭中心，也是歷代船工（水手）的聚會娛樂場所。這裏除了舉行隆重的祭祀儀式外，還經常有酬神演出。相傳農曆三月二十三日是天后的誕辰，從前每年這天都要舉行盛大的廟會，也叫『皇會』。演出龍燈、高蹺、旱船、獅子舞等民間遊藝節目，往往通宵達旦，遊人如潮，非常熱鬧。

三、携琴控鶴東南遊

（一）江西龍虎山道觀

龍虎山位於江西省鷹潭市南二十公里處的貴溪縣境內。為道教的發源地之一，道教正一教的祖庭。《洞天福地》中稱其為第三十二福地，為我國著名的道教名山之一。

龍虎山舊名雲錦山，山狀若虎踞龍盤。相傳張道陵天師携弟子在此煉九天神丹，丹成而龍虎見，故名龍虎山。南唐保大年間（公元九四三—九五七年），在此始建天師廟。當時的翰林學士陳喬曾奉敕撰碑以記。宋徽宗崇寧中（公元一〇〇二—一一〇六年）敕修並改名為

『演法觀』，南宋咸淳中(公元一二六五—一二七四年)重建。明嘉靖年間(公元一五二二—一五六六年)對龍虎山進行大規模的修建，並改額為『正一觀』。建有三重大殿和鐘鼓樓、丹房等房舍。主要供奉張道陵天師及王長、趙昇二真人，玉皇、玄壇等。清康熙五十二年(公元一七一三年)，又發帑金維修，改原玉皇殿為樓。雍正九年(公元一七三一年)，再賜帑金，派大臣重修龍虎山廟宇，並命天師裔孫張昭麟大真人協同辦理，歷經數月而成。建有正殿五間，玄壇殿三間，東西從祀殿、儀門、鐘鼓樓及丹房樓屋數十間。重檐丹楹，碧瓦青磚，石柱石坊，甚是壯觀。過去每到清明節時，天師都要到這裏來拈香禮拜。但至一九四九年左右，因不慎被火焚毀，至今僅剩殘垣。

龍虎山名勝古跡衆多，山水秀麗。沿龍虎山山前上清溪上溯或順水而下，沿岸奇峰碧水，二十四勝跡，九十九峰，風光旖旎，不亞於桂林。特別是從龍虎山至仙水巖一段，青山碧水，怪山奇峰，唯妙唯肖，且充滿了道教和中國古老文化的神話色彩，古人曾有『仙人城』、『勝蓬萊』之譽。在仙水巖臨流峭立的觀水巖上，刻有『仙巖環翠』、『玉壁凌空』、『鶴歸留影』、『仙踪縹緲』、『神仙可接』、『半天仙跡』等字大如斗的摩崖石刻。散布在懸崖峭壁的還有上百座春秋戰國時的巖墓懸棺。這裏的傳說大多與張天師傳道有關。由於道教文化的影響，歷代文人雅士，紛紛前來尋勝探幽，訪道修玄。如唐代的皮日休、吳筠、吳武陵，宋代的王安石、陸九淵、江萬里、白玉蟾、文天祥，元代的趙孟頫，明代的宋濂等，他們留下了許多的詩文和題刻。

自第四代天師張盛遵其父(張魯)囑携祖傳印劍從漢中遷回龍虎山以來，承祖遺訓，世襲道統，奕世沿守，今已傳至六十三代。龍虎山、上清宮、天師府，是歷代天師傳道、演教、起居之所，在中國道教史上有着極大的影響。

一、上清宮

上清宮，亦稱大上清宮，位於貴溪豐清鎮東二里，距龍虎山十五里。第四代天師張盛從漢中遷居龍虎山後，便在此置傳籙壇，於三元日陞壇傳籙。唐會昌中(公元八四一—八四六年)始建『真仙觀』，宋大中祥符五年(公元一〇一二年)敕修，改名為『上清觀』，『上清』之名遂在龍虎山流傳至今。宋徽宗篤信道教，曾敕詔三十代天師張繼先賜『虛靖先生』號，並問以修身治國之道。於政和三年(公元一一一四年)陞上清觀為『上清正一宮』。南宋皇帝趙昀，敕三十五代天師張可大提舉三山(龍虎山、茅山、閣皂山)符籙，對上清正一宮又進行了修建。元代皇帝令龍虎山三十六代天師張宗演主領江南道教事，曾先後三次對上清正一宮進行修葺，並敕額為『大上清正一萬壽宮』。明朝尤重正一道，洪武五年(公元一三七二年)敕四十二代天師張正常永掌天下道教事，對大上清正一萬壽宮進行了大規模的擴建。永樂、正德、嘉靖亦皆賜帑修葺。清康熙二十六年(公元一六八七年)，又敕為『大上清宮』，並御書匾額。雍正九年（公元一七三一年），在修建龍虎山正一觀的同時，並對上清宮進行了最後一次大規模的修建。自此以後，雖乾隆、嘉靖時亦作維修，但沒有大的修建。

上清宮是道教最大的古老道觀之一，也是歷代天師傳教授籙的主要宗教活動場所，素有『神仙所都』、『百神受職之所』的稱譽。宮觀殿宇，形似皇宮。傳言一切建築皆效皇宮而置，祇比皇宮低一尺八寸，又有魯班建宮的傳說。此宮還傳為羣龍集結的寶地，有人曾云：『九龍集結上清宮，天師擒妖顯神通。』這九龍即指龍虎山上清宮周圍的天門山、臺山、烏劍山、獅子山、衝天峰、應天山、西華山、烏龜山和聖井山九條山脈的走向恰似長龍朝上清宮遊集。宮內古井衆多，有一口井名『鎮妖井』。《水滸傳》這本傑作，就是從這口井開始的。但因屢毀於天災兵禍，至一九四九年後只存有門樓、午門、鐘樓、下馬亭、東隱院、盤龍街等部分建築和元、明石刻等珍品。已被江西省政府列為重點文物保護單位。

二、天師府

天師府全稱『嗣漢天師府』，明太祖朱元璋易天師之號為『大真人』，故亦稱『大真人府』。是歷代天師的起居之所。天師府位於貴溪縣上清鎮中街。始建於唐玄宗天寶七年（公元七四八年），宋崇寧四年（公元一一〇五年）改建於上清鎮關門口，賜額『真人府』。元延祐六年（公元一三一九年）遷至長慶坊，明洪武元年（公元一三六八年）朱元璋賜白金十五鎰，由第四十二代天師張正常在今址重新修建。明憲宗成化三年（公元一四六七年）賜御書『大真人府』匾額。嗣後歷代都有過修繕。

現存天師府的殿堂樓閣多為清乾隆至同治年間根據舊制重建和修葺。天師府現佔地面積三點二萬平方公尺，建築面積達一點二萬平方公尺，整座府第主要由頭門、二門、私第、萬法宗壇、玄壇殿、靈宮殿、花園、百花塘等建築構成。整個建築布局呈八卦形，飛檐翩壁，紅牆琉瓦，各種雕刻圖案，千姿百態，形象逼真，是一座王府式的建築羣，昔有『南國第一家』之稱，其地位，其盛況，可與曲阜孔府相比，人稱其為『南張北孔』。

天師府府門（即頭門）臨溪聳立，門楣上懸掛着一塊鑲金直匾額，上書『嗣漢天師府』五個大字。府門前，一對形似麒麟而稱之名為『年』的石雕蹲伏在東西的石座上。府門為新修雙層五開間建築。門柱有一抱柱楹聯為明代書法家董其昌所書，聯文為：『麒麟殿上神仙客，龍虎山中宰相家。』進入府門，就走上了筆直寬廣，由鵝卵石鋪疊成的甬道。道旁古木森森，草地寬廣。二門建於清同治四年（公元一八六五年），現已修葺一新，門楣懸掛『敕靈首』匾一，門前兩柱上有楹聯一幅，聯文為『道高龍虎伏，德重鬼神欽』。六扇大門上畫有三對六尊門神，威風凜凜，栩栩如生。進入二門有一大院，甬道中有一古井，名『靈泉井』，或稱『丹井』、『法水井』。據傳係南宋道士白玉蟾奉天師法旨所建，為天師做祈晴禱雨法會時，專供提取净壇所用『法水』的井泉。沿靈泉井向前，為一九九二年新建的『玉皇殿」。玉皇殿佔地六百多平方公尺，為重檐歇山式建築，是府內最高最大的一殿。殿內正中供奉八公尺高的玉皇大帝坐像，金童玉女侍立左右，鄧、辛、張、陶、龐、劉、苟、畢等十二真君，配祀兩邊。楹間還雕塑八條飛舞的金龍。玉皇殿原址為大堂，是天師實施道政的地方，堂內原置有法臺、令旗、朱筆、兵器，以及麒麟圖、張天師像等物。

玉皇殿後沿甬道再向前，為『私第門』門樓(亦稱三門)，門上書有『南國無雙地，西江第一家』楹聯一幅。後原為『三省堂』，分前、中、後三廳，前為客廳，中為狐仙堂，後為天師內宅。客廳中央有直徑三尺五寸的翠綠色太極磐石一塊，時逾數百年，而色澤猶艷，名為『迎送石』，歷代天師送客人，到此止步。現客廳改為『天師殿』。殿壁楹間，分別懸有『仙派名裔』、『道契崆峒』、『納甲周呈』三道金匾。殿前地上鋪有一塊直徑達一公尺的青石太極圖。殿內正中供奉第一代天師張道陵神像，天師濃眉廣額，金冠綠睛，右手仗劍，左手掐訣，端坐殿上。王長、趙昇立侍兩旁，三十代天師張繼先、四十三代天師張宇初配祀左右。梁上有『萬法宗壇』及『宗傳』匾額兩道。神像帳幔兩旁有一楹聯，聯文為：『有儀可象焉管教妖魔喪膽，無門不入也誰知道法通天。』神像兩側分列刀、槍、劍、戟、棍、棒、槊、钂、斧、鉞、鏟、鈀、鞭、鐗、錘、叉、戈、矛等十八般古代兵器。殿堂東西配殿設置有『大上清宮』和『嗣漢天師府』未來發展的大型沙盤模型。玉皇殿後為狐仙堂，相傳是張天師祀奉『狐仙』的地方，前與玉皇殿以天溝搭接，又以磚牆石門分之，後與後廳以天井廂房連綴。石門額上書『道自清虛』四個大字。後廳原為天師內宅，現改為文物陳列廳，廳內展出有天師世家的詳細情況，有龍虎山天師道的歷史沿革，有早一代天師留下的傳家寶物，法劍（太上老君授予張天師的三五斬邪雌雄劍）、法印（陽平治都功印、上清仙都之印、道經師寶印）的圖片，有天師的各種符籙齋醮的圖片，有龍虎山洞天福地的錦繡地圖，也有『大上清宮』原貌的地圖，還有歷代天師和名人雅士的詩詞墨跡等等。

順後廳而進則通靈芝園和百花園。靈芝園前有八卦門，頂上有『雙龍戲珠』雕塑，工藝精湛。門左右有一楹聯，聯文為：『八卦涵宇宙，雙龍衛乾坤。』園內金桂銀桂，四季飄香。出靈芝園西側門則是花草葱鬱，古木濃蔭的百花園（又稱後花園），園後設有一池，名百花塘，池中碧水荷花，樹影倒映。池中原有一亭，名湖心亭。靈芝園東後側為敕書閣，是過去珍藏朝廷詔書的地方。敕書閣後即納涼居，與百花塘相連，為夏日天師避暑的地方。

座落在天師殿西側的一院落，稱為『萬神集聚』的『萬法宗壇』，後靠百花園，是張天師在私宅祀神之處。原來祀奉的尊神、天兵天將等有一百三十八尊。現經過重新修建，正殿名『三清殿』，殿內供奉『三清』、『四御』、『三官』、『五老』等神像。東西兩配殿，東為靈官殿，殿內供奉道教護法神王靈官；西為玄壇殿，殿內供奉財神趙公明。院內十字甬道，松柏長青，盆花競秀，清香宜人，東西兩株千年雌雄羅漢松，挽臂並肩，枝榮葉茂，堪稱稀世奇珍。

天師殿東側原為『家廟』，是祀奉天師宗族歷代祖先的祠堂。現為辦公室及道衆宿舍。

天師府內有一口大銅鐘(又名神鐘、龍鐘、金鐘)，係元至正十一年(公元一三一五年)在杭州鑄造的『上清宮大銅鐘』。鐘高一丈，中圍長一丈八尺，鐘唇厚三寸九分，加上龍頭旋紐共重九千九百九十九斤。鐘上鑄有『玉皇寶誥』以及『風調雨順，國泰民安，皇圖鞏固，大道興行』等篆體文字。還有臨川進士朱夏的隸書鐘銘。此鐘原懸掛在上清宮鐘樓，後移於府內。府內還保存有元代大書法家趙孟頫親筆所書的《敕賜玄教大宗師張公碑》。

一九八二年，國務院將天師府定為全國道教重點宮觀之一。現在天師府已不僅是展現歷史上天師生活起居的場所，而且是正一派道士和信教羣衆舉行宗教活動的地方。

附：歷代天師傳承

第一代張道陵(公元三四——一五六年)，原名張陵。唐僖宗中和四年(公元八八四年)封為『三天扶教輔元大法師』。宋理宗加封『正一静應顯佑真君』。道教尊為祖天師。

第二代張衡(？——公元一七九年)，字靈真。元武宗至大元年(公元一三〇八年)，贈『正一嗣師太清演教妙道真君』。道教世稱嗣師。

第三代張魯(？——公元二一六年)，字公祺。元成定贈『正一系師太清昭化廣德真君』。道教稱之為系師。

第四代張盛，生卒年不詳，字宗元。系師第三子。元惠宗至正元年(公元一三四一年)

贈『清微顯教弘德真君』。
第五代張昭成，生卒年不詳，字道融。盛之長子。元至正十三年（公元一三五三年）贈『清微廣教弘道真君』。
第六代張椒，生卒年不詳，字德馨。元至正十三年贈『清微弘教玄妙真君』。
第七代張回，生卒年不詳，字仲昌，一說名仲迴，字德昌。元至正十三年贈『玉清輔教弘濟真君』。
第八代張迴，生卒年不詳，字彥超。元至正十三年贈『玉清應化沖靜真君』。
第九代張符，生卒年不詳，字德信。元至正十三年贈『玉清贊化崇妙真君』。
第十代張子祥，生卒年不詳，字麟伯。元至正十三年贈『上清玄妙大虛真君』。
第十一代張通玄，生卒年不詳，字仲達。元至正十三年贈『上清玄應沖和真君』。
第十二代張恒（別說名仲常），生卒年不詳，字德潤。元至正十三年贈『上清玄德太和真君』。
第十三代張光，生卒年不詳，字德紹。元至正十三年贈『太玄至德廣妙真君』。
第十四代張慈正，生卒年不詳，字子明。元至正十三年贈『太玄上德紫虛真君』。
第十五代張高，生卒年不詳，字士龍。元至正十三年贈『太玄崇德玄化真君』。
第十六代張應韶，生卒年不詳，字治鳳。元至正十三年贈『洞虛演道沖素真君』。

第十七代張順，生卒年不詳，字中孚。元至正十三年贈『洞虛闡教孚佑真君』。
第十八代張士元，生卒年不詳，字仲良。元至正十三年贈『洞虛明道贊運真君』。
第十九代張修，生卒年不詳，字德真。元至正十三年贈『冲玄翊化昭慶真君』。
第二十代張諶，生卒年不詳，字子堅。元至正十三年贈『冲玄洞真孚德真君』。
第二十一代張秉一，生卒年不詳，字溫甫。元至正十三年贈『守玄紫極昭化真君』。
第二十二代張善，生卒年不詳，字元長。元至正十三年贈『清虛崇應孚惠真君』。
第二十三代張季文，生卒年不詳，字仲珪。元至正十三年贈『清虛妙道輔國真君』。
第二十四代張正隨，生卒年不詳，字寶神。宋大中祥符九年（公元一〇一六年）賜號為『真靜先生』，元至正十三年贈『清虛廣教妙濟真君』。
第二十五代張乾曜，生卒年不詳，字元光。宋天聖八年（公元一〇三〇年）賜號為『澄素先生』，元至正十三年贈『崇玄普濟湛寂真君』。
第二十六代張嗣宗，生卒年不詳，字榮祖。宋至和三年（公元一〇五五年）賜號為『虛白先生』，至和三年（公元一〇五六年）賜號『冲靜先生』。元至正十三年贈『崇真普化妙悟真君』。
第二十七代張象中，生卒年不詳，字拱宸。元至正十三年贈『崇真通惠紫玄真君』。
第二十八代張敦復，生卒年不詳，字延之。宋熙寧年間（公元一〇六八——一〇七七年）

賜號『葆光先生』，元至正十三年贈『太極無為演道真君』。

第二十九代張景端，生卒年不詳，字子仁。宋徽宗特贈『葆真先生』，元至正十三年贈『太極清虛慈妙真君』。

第三十代張繼先（公元一〇九二—一一二八年），字嘉聞，又字道正，號翛然子。二十七代象中之曾孫，祖敦信，父處仁。宋崇寧四年（公元一一〇五年）賜號『虛靖先生』，元武宗時（公元一三〇八—一三一一年）贈『虛靖玄通弘悟真君』。

第三十一代張時修，生卒年不詳，字朝英。乃二十七代天師象中之孫，敦直之子。元至正十三年贈『正一弘化明悟真君』。

第三十二代張守真（?——公元一一七六年），字遵一。宋乾道六年（公元一一七〇年）賜號『正應先生』，宋孝宗贈『崇虛光妙正應真君』。

第三十三代張景淵，生卒年不詳，字德瑩，初名伯璟。元至正十三年贈『崇真太素冲道真君』。

第三十四代張慶先（?—公元一二〇九年），字紹祖。元至正十三年贈『崇虛真妙光化真君』。

第三十五代張可大（公元一二一七—一二六二年），字子賢。三十二代守真之曾孫。宋嘉熙三年（公元一二三九年）賜號『觀妙先生』。元至正十三年贈『通玄應化觀妙真君』。

第三十六代張宗演（約公元一二四四—一二九一年），字世傳，號簡齊，三十五代可大之次子。元至元十四年（公元一二七七年）賜號『演道靈應冲和真君』。元成宗時加贈『演道靈應冲和玄静真君』。

第三十七代張與棣（？—公元一二九四年），字國華，號希微子，宗演之子。元至元二十八年（公元一二九一年）授『體弘道廣教真人』。

第三十八代張與材（？—公元一三一六年），字國梁，號廣微子，宗演之次子。元元貞二年（公元一二九六年）授『太素凝神廣道真人』，封其母『玄真妙應仙姑』。

第三十九代張嗣成（？—公元一三四四年），字次望，號太玄子，與材之子。元延祐四年（公元一三一七年）授『太玄輔化體仁應道大真』，封其母易氏『妙明慧應常静真人』。元泰定二年（公元一三二五年）加授『翊元崇德正一教主』。明洪武三年（公元一三七〇年）追贈『正一教主，太玄弘化明誠崇道大真人。』

第四十代張嗣德（？—公元一三五二年），號太乙，與材次子。元至正十三年授『太乙明教廣玄體道大真人』。

第四十一代張正言（？——公元一三五九年），號東華，嗣德長子。元順帝授其為『明誠凝道弘文廣教大真人』。

第四十二代張正常（？——公元一三七八年），字仲紀，號冲虛子，三十九代天師嗣成之子。明洪武元年（公元一三六八年）授其為『正一嗣教護國闡祖通誠崇道弘德大真人』。洪武五年（公元一三七二年）加授『永掌天下道教事』。

第四十三代張宇初（？——公元一四一〇年），字子璿，別號耆山，正常之子。明洪武十三年（公元一三八〇年）授『正一嗣教道合無為闡祖光範大真人』，同年，誥封其母包氏為『清虛冲素妙善玄君』。

第四十四代張宇清（？——公元一四二七年），字彥璣，別號西壁，宇初之弟，明永樂八年（公元一四一〇年），授『正一嗣教清虛冲素光祖演道大真人』，宣德元年（公元一四二六年）加封『正一嗣教清虛冲素光祖演道崇謙守靜洞玄大真人』。

第四十五代張懋丞（公元一三八七——一四四四年），字文開，別號九陽。父宇珵，字初，宇清之從子。宣德四年（公元一四二九年），授『正一嗣教崇修至道葆素演法真人』。

第四十六代張元吉（公元一四三五年——？），字孟陽，號太和，懋丞之孫。正統十年（公元一四四五年）授『正一嗣教冲虛守素紹祖崇法真人』，成化三年（公元一四六七年）加封『正一嗣教體玄崇默悟法通真闡道弘化輔德佑聖妙大真人』。

第四十七代張玄慶（？——公元一五〇九年），字天錫，別號貞一，又號七一丈人，元吉之堂弟。成化十三年（公元一四七七年）授『正一嗣教保和養素繼祖守道大真人』。

第四十八代張彥頨（公元一四九〇——一五五〇年），字士瞻，別號湛然。弘治十四年（公元一五〇一年），授『正一嗣教致虛冲靜承先弘化大真人』，嘉靖五年（公元一五二六年）加封『懷玄抱真養素守默葆光履和』十二個字。

第四十九代張永緒（？——公元一五六五年），字允承，別號三陽。嘉靖二十八年（公元一五四九年），授『正一嗣教守玄養素遵範崇道大真人』。

第五十代張國祥（？—公元一六一一年），字文徵，號心湛，永緒之從子。萬曆三十九年（公元一六一一年）封『正一嗣教凝誠志道闡玄宏教真人』。

第五十一代張顯祖，生卒年不詳，字九功，明神宗敕改名顯庸，國祥之子。明誥封為『正一嗣教光揚祖範冲和清素大真人』。

第五十二代張應京（？—公元一六五一年），字翊宸。

第五十三代張洪任（？—公元一六六七年），字漢基，應京次子。

第五十四代張繼宗（公元一六六六—一七一五年），字善述，清康熙皇帝賜御書『碧城』額以為號。

第五十五代張錫麟（？—公元一七二七年），字仁祉，號龍虎主人。

第五十六代張遇隆，生卒年不詳，字輔天，號靈谷，錫麟之子。

第五十七代張存義（公元一七一二—一七七九年），字方直，號宜亭。

第五十八代張起隆（？—公元一七九八年），字紹武，號錦崖，一號體山，存義之堂叔。
第五十九代張鈺，生卒年不詳，字佩相，號琢亭，起隆次子。
第六十代張培源（？—公元一八五〇年），字育成，號養泉。
第六十一代張仁晸，生卒年不詳，字炳祥，號清嚴。
第六十二代張元旭（？—公元一九二四年），字曉初。袁世凱曾授『正一嗣教大真人』。
第六十三代張恩溥（公元一九〇四—一九六九年），字鶴琴，號瑞齡，譜名道生，元旭之長子。

（二）江蘇茅山道觀

茅山位於江蘇省句容縣境内。為道教名山之一，在『洞天福地』中稱其為『第一福地，第八洞天』。原稱地肺山，又名句曲山。相傳西漢景帝時（公元前一五六—前一四一年），陝西咸陽茅盈、茅固、茅衷三兄弟棄家來此採藥煉丹、修真養性。由於他們心懷仁慈，常為民採藥治病，不畏風雨酷暑霜雪嚴寒，不分晝夜，不辭辛勞，為民隨診，不取分文。後茅氏仙逝，鄉民感其恩澤，贈匾額曰：『有求必應』，並更名『句曲山』為茅山。魏晉南北朝以來，仙聖輩出。晉時有楊羲、許謐創道教上清派，葛玄創靈寶派，南朝劉宋時陸修靜創南天師道，南朝梁時陶弘景開創道教經籙派，又稱茅山派。隋唐時王遠知、潘師正、司馬承禎等均曾在此著書立說，闡道發微。

從南朝起茅山道觀陸續創建。極盛時代有三宮五觀二百五十七房。三宮指『崇禧宮』、『元符宮』、『九霄宮』，五觀指『乾元觀』、『玉晨觀』、『白雲觀』、『德祐觀』、『仁祐觀』。清末，茅山尚有三宮、五觀、七十二茅庵。

茅山派自南北朝至宋代與龍虎山天師符籙派並行於世，唐宋以後南北各派逐漸合流。元成宗大德八年(公元一三〇四年)，封三十八代天師張與材為『正一教主』，總領三山(龍虎山、閤皂山、茅山)符籙，於是茅山遂成為『正一派』的主要道場。元初『全真派』在北方興起，主張三教(儒、釋、道)合一。由於『全真派』的勢力不斷擴大，茅山遂因『全真派』的滲入，而成為三宮沿續『正一』道統，五觀習傳『全真』道派。三宮五觀都供奉『三茅真君』。三茅真君即茅盈、茅固、茅衷三兄弟，後人稱之為大茅君、中茅君、小茅君。道教稱盈為司命真君，固為定籙真君，衷為保生真君，世稱『三茅真君』。

抗日戰爭時期，茅山成為蘇南抗日革命根據地。『乾元觀』的『宰相堂』和『松風閣』為新四軍第一支隊的司令部和政治部所在地。一九三八年九月間，日軍對茅山進行掃蕩，除九霄宮、元符宮保存下部份建築外，『三宮五觀』的宮觀殿宇幾乎全被日軍焚毀。三十餘名道士被殘殺。

一九四九年後，三宮五觀合併為『茅山道院』。一九八二年國務院將茅山道院定為全國道教重點宮觀之一。

一、九霄宮

九霄宮，全稱九霄萬福宮，俗稱『大茅峰』，簡稱『頂宮』。原名聖祐觀，明萬曆二十六年(公元一五九八年)，改為今名。該宮有『毓祥』、『繞秀』、『怡雲』、『儀鵠』、『種壁』、『禮真』六房道院。大殿門額上方刻有『敕賜九霄萬福宮』，門兩側有『道炁常存，萬壽無疆』八個橫字，為硬山頂式建築。

殿內正中供奉『三茅真君』，前面東西兩側有代表年、月、日、時的『四值功曹』站立神像。大殿兩側，有『馬、趙、温、岳』四大元帥塑像。三茅祖師像背面是『海島』，上塑有三清、玉皇、慈航、三宮、龍王、太乙、雷祖、八仙、土地、城隍等道教神仙，最底層是水晶宮及蝦兵、蟹將。殿後有『飛昇臺』，據說大茅君茅盈曾在此飛昇。頂宮最後一殿為二聖殿，為硬山頂式建築。殿中間供奉三茅真君的父母。東側供『送子娘娘』，西側供『眼光娘娘』。二聖殿東面是白鶴廳，西面是怡雲樓，茅山的『鎮山四寶』就陳列在裏面。

據傳說，宋哲宗在位時(公元一〇八六—一一〇〇年)，其母孟皇后誤吞針於喉中，久治不癒。茅山第二十五代宗師劉混康奉召入朝。皇后服符後嘔出其針，宋哲宗大喜，賜劉混康原居潛神庵為『元符萬寧宮』（即印宮），並賜以八件鎮山之寶。其中，一是玉印，上刻『九老仙都君印』篆體陽文；二是玉圭，光潤澄澈，頂部紋如翩翩欲飛的蝙蝠，下部花紋如山巒重重，又似海浪茫茫；三是哈硯，哈氣舔筆即有丹朱潤筆（事先並未投放丹砂），硯內有兩條游魚花紋，投放水池，宛然若游魚浮動；四是鎮心符，上刻『合明天帝日敕』篆體陰文；五是《遼王詩篇》一卷；六是玉劍；七是《上清大洞祕録》十二軸；八是《上清大洞券簡詞》十二卷軸。後四寶早已失傳。前四寶，是為茅山四寶，傳承九百餘年，在『文化大革命』時被查抄，一九八五年三月十日歸還茅山道院珍藏。

頂宮中有『豢龍池』，大旱不涸，傳為『神龍所都』，池中似有小黑龍游動。大茅峰後有『菖蒲潭』，與華陽洞前的澗水相連，匯流到『楚王澗』。潭中的十三節菖蒲為名貴藥材。潭又名『石墨池』，相傳漢代費長房在此學道，從潭水洗滌書符之筆硯，以至該池澗石如墨。潭之西有『喜客泉』，又名『撫掌泉』，又名『冬温泉』，泉聞擊掌之聲，立時水湧如沸，其方池的泉水常湛，俗呼為『客來燒茶』。大茅峰南垂有『金牛洞』，洞居山凹之中，傳說漢時採金，此洞出現一金牛，其牛經釘角，即奔入海。大茅峰之東有一峰聳起名『抱朴峰』，據傳因晉代葛洪（號抱朴子）來此山修真煉丹得名。

二、元符宮

元符宮，全稱元符萬寧宮，簡稱『印宮』，位於大茅峰與二茅峰之間的積金峰陽面。始建於唐，興盛於宋。該宮原有十三房道院，清末太平天國戰爭時遭兵火後尚存四方，後於抗日戰爭時又遭日軍焚燒，只存靈官殿、三清殿和一房道院。山門為睹星門，是觀星望氣之所；兩邊石壁雕刻『第一福地，第八洞天』。山上有『三天門』。山下對面北坡『楚王澗』旁有一洞，名華陽洞，此洞與茅山齊名。傳説『三茅真君』曾於此洞內得道，陶弘景亦在洞內隱居過，並借此而設『華陽三館』。清康熙皇帝南巡，曾御書『華陽洞天』。現洞口上有『華陽洞』三字，傳為蘇東坡所書。洞壁上還有許多其他名家留言石刻。華陽洞旁有一玉柱洞，洞口小如蓬笠，僅可一人出入，裏面深不可測，據傳可達江海。

三、崇禧萬壽宮

崇禧萬壽宮，為茅山最早的宮觀，原為南朝時(公元五三〇—五九〇年）創建的『曲林館』，後為陶弘景的『華陽下館』。唐太宗貞觀年間(公元六二七—六四九年）道士王法主在此建立『太平觀』，宋初改名為『崇禧觀』，至元代延祐六年(公元一三一九年）方改稱『宮』。該宮原有『復古、威儀、四聖、葆真、三茅、天師、南極、雲壇、東華、三清、七真、三官」等十二房道院，後被毀。有「東西楚王澗」和「華姥山」、「華姥洞」等名勝古跡。崇禧萬壽宮現已被水庫所没。

四、德佑觀

德佑觀，原名「中茅山」，俗稱「二茅峰」。建於元代延祐年間，專祀中茅君。抗日戰爭時被日軍燒毀。其嶺上有「陶公醉石」；嶺之南有危石名曰：「釣魚臺」；積金峰上有「動石」，其石一指可撼，萬夫莫移；其西白雲峰上有「棋盤石」；峰下有「雲根石」和「花石洞」。

五、仁佑觀

仁佑觀，原名「小茅山」，俗稱「三茅峰」，亦建於元代延祐年間，專祀小茅君。抗日戰爭時被日軍燒毀。觀側有「雷劈池」二口，據説原三茅峰頂無食用之水，天雷先劈一池，但有硫磺之味，不可食用。後天雷在其近旁又劈一池，食之甘甜如蜜。觀西有「硃砂泉」，因泉水色赤似硃砂而得名。

六、玉晨觀

玉晨觀，原是唐太宗為桐柏先生王軌（字洪範）建立的「華陽觀」，唐玄宗因茅山道士李玄靜而更名為『紫陽觀』，宋大中祥符時（公元一〇〇八—一〇一六年）敕改為『玉晨觀』。該觀原有道院八房，後成為百姓營房住宅的村落『玉晨村』。晉許長史曾在此營宅煉丹，留有煉丹井，又名『陰陽井』二口（現為水庫所沒，尚有麻石井闌存句容縣圖書館，井圈上刻『此是晉世真人許長史舊井』字樣）。

觀左有明嘉靖十三年（公元一五三四年）建造的『無梁殿』。該觀東南是『雷平山』，山前有『雷平池』，相傳周朝時，有雷氏養龍於此。雷平山東北為『良常山』，該山傳是秦始皇召李明真人埋玉璧之處。山之東側有老虎洞、三官洞、老君洞、柏枝洞，西側有降真橋，後改名『玉晨橋』、橋北有『蒼龍溪』，俗呼『冷水澗』，其澗所出之石，堅潤如玉，稱『茅山石』。

七、白雲觀

白雲觀，因宋道士王景溫退居結廬於此而聞名，詔其所居為『白雲崇福觀』。建於宋紹興年間（公元一一三一—一一六二年）。抗日戰爭中被日軍焚毀。觀南有獅子山，山之西南有蟒蛇洞，相傳此洞出現過巨蟒，後被劉伯溫所治。清末，『戊戌變法』的領袖康有為，在『辛亥革命』勝利之後，曾回國將其母移葬於白雲觀前的青龍山上，並刻石悼念。悼文的內容歷敘了自己半世坎坷的生平，以及『戊戌變法』的經過。『文革』中墓被毀，碑被人運往西園村作機耕道橋板石，現此碑已運歸茅山道觀。

八、乾元觀

乾元觀，原名集虛觀，宋大中祥符時(公元一〇〇八—一〇一六年)改名乾元觀。抗日戰爭時被日軍焚毀。觀內有『雷接碑』，據傳昔有人曾將此碑砸碎搬去燒石灰，久燒不成，後窰頂連遭雷劈，碑遂自動接攏，豎立原處。

觀左有『洗心池』，池形如石龍，穴中有不涸之水，相傳昔日女道士錢妙真獨居『燕子洞』修道，有人誹其不貞，她竟剖腹洗心於此，以示清白。池側有『活死人墓』，相傳明時道人江文谷在此悟道，壘石塞窗，獨坐其中，三年後不應人聲而羽化，遂藏蛻於此。另一種說法是，江文谷在此閉關修道，皇帝路過此處，江閉門不迎，皇帝叩門，祇聽人答應，而不見開門人，便隨口而言：『真是活死人墓！』於是流傳於今。觀後的『鬱崗峰』上有『石門』，著名的『石門蒼術』即產於此。

(二) 蘇州玄妙觀

玄妙觀是一座歷史悠久，規模宏偉的道教建築，位於江蘇省蘇州市城內觀前街，相傳為春秋時吳國宮殿的舊址。該宮觀是我國南方古建築的典型，其建築模型陳列在北京故宮博物院古建築展覽室內。三清殿被列為全國重點文物保護單位。

玄妙觀創建於西晉咸寧二年（公元二七六年），初名真慶道院。唐開元三年（公元七一四年）改稱開元宮。唐大順元年（公元八九〇年）遭受兵燹，四周建築物全毀，僅存正殿和前面的山門，宋太平興國年間（公元九七六—九八四年）開元宮擴建為太乙宮。宋大中祥符五年（公元一〇一二年）改名天慶觀。南宋建炎年間（公元一一二七—一一三〇年）金兵南下，又毀於戰火。自紹興十六年至淳熙六年（公元一一四六—一一七九年），地方官王喚、陳峴及趙伯驌先後發起修復。淳熙八年（公元一一八一年）宋孝宗題賜『金闕寥陽寶殿』六字殿額。在刻於紹定二年（公元一二二九年）的『平江城坊圖』上，可以看到當年天慶觀的形制和布局。到了元代元貞元年（公元一二九五年），才改名為玄妙觀。明洪武四年（公元一三七一年），清理道教，更名為『正一叢林』。嘉靖十六年（公元一五三七年）重修。清康熙初年，費白金四萬兩，歷時三年，再度建修三清殿。嘉慶二十二年（公元一八一七年），毀於雷火，後由尚書韓葑等人發起重修。咸豐年間（公元一八五一—一八六一年），浙江胡雪巖出面修葺。清代為避康熙諱曾改稱『圓妙觀』；民國以後才恢復了玄妙觀的舊稱。

清末民初，玄妙觀全部建築有正山門、主殿（三清殿）、副殿（彌羅寶閣）及配殿二十四座組成。正中大門是正山門，其東、西兩旁是八字形黃照牆。黃照牆盡頭處，是東、西角門。東角門上門額正面題『吉祥』，背後題『長生』；西角門上正面是『如意』，背後是『衆妙』。東、西角門，都有一條通道，直通玄妙觀底。東通道東側，是一排配殿相連，由神州殿、太陽宮、天醫殿、真官殿、天后殿、文昌殿、祖師殿、斗姆閣、火神殿、三茅殿、機房殿、關帝殿、東嶽殿、痘司殿等十四個殿所組成。西通道西側，也是一排配殿相連，由雷尊殿、壽星殿、慈航殿、三官殿、灶君殿、八仙殿、水府殿等七個殿所組成。中部由正山門進入，是一大塊開闊空地，正中是用青磚砌成的通道，寬約六公尺，長約七十公尺，盡頭處有石階四級，其上是用方石鋪的平臺，名為『露臺』，面積約四百平方公尺，露臺後面，即是玄妙觀的主殿——三清殿。三清殿後面，是一幢三層樓的建築，名彌羅寶閣。再後面是蓑衣真人、肝胃二氣司、薩祖方丈三配殿。

在玄妙觀正山門之南，跨過觀前街，進入宮巷後，至現宮巷一三七號的地方，還有一傳奏司廟，也是玄妙觀的附屬殿宇，一九四九年後改為民居。

玄妙觀自建成以來，歷經變故，屢有毀建，至五十年代初，除正山門、三清殿外，尚存配殿十六座，全觀佔地約五十二畝。六十年代至七十年代，東西二側配殿及正山門，已為其它單位佔用。一九八〇年以來，各有關部門及道教協會逐步對玄妙觀進行修復，正三門和三清殿大體恢復舊觀，於一九八一年十月十七日正式開放。

正山門，為一座五開間的殿宇。唐末宋初曾毀，宋皇祐年間（公元一〇四九—一〇五四年）重建。清乾隆三十八年（公元一七七三年）失火燒毀，乾隆四十年由巡撫薩載重修。為重檐歇山式建築，上蓋筒瓦。屋脊高約十公尺。屋脊之上，朝南面寫有『帝德覃敷』四個大字，朝北面寫有『象洽和太』四個大字。入內迎面上方懸一豎頭匾，上書『圓妙觀』三個大字，為清末通州名士沙映（字玉炤）所書，筆力渾厚，字態端莊。左右二側，原分列著名為『辟非』、『禁壇』兩將軍及馬、趙、溫、王四大天君的神像，傳說係元代雕塑，後於『文革』初期全部被毀，一九八一年整修時，暫以壁畫代替。

三清殿是玄妙觀的主殿，初建於晉代，後毀，南宋淳熙六年（公元一一七九年）提刑趙伯驌重建。是一座九開間的大殿，寬四十五公尺，深二十五公尺，建築面積一千一百多平方公尺，為重檐歇山式建築。翹角脊瓴，屋脊高達十餘公尺，兩端有一對傳為宋代磚刻的、高三點五公尺的大龍頭。屋脊南面，書有『風調雨順，國泰民安』八個字；朝北面書有『皇圖永固，帝道遐昌』八個字；屋脊正中，砌有鐵鑄的『平昇三戟』四個字。屋面上蓋筒瓦。殿前正中上方有一塊一公尺多長的豎頭匾，上書『三清殿』三個正楷大字，為清康熙時太傅金之俊所書。在匾下面，有一橫額，為硃地金字，上書『妙一統元』四個大字，筆力蒼勁，相傳為金兀朮所書，但又一說亦為金之俊所寫。此匾額還有一個有趣的故事。因此匾懸掛日久，被風雨剥蝕，匾上的『一』字已無形跡，難以摹仿，遍請名人補寫，都不愜意。忽地有一鄉夫說『能寫』，試試，果然寫來和原字一樣。原來，這個鄉夫，每天挑柴進城叫賣，必到露臺上憩息，天天如此，將這匾上的字深印腦中，以致一揮而就。殿前有寬廣的露臺，以石板砌成，東、南、西三面圍以青石雕欄和踏步，欄板上雕以飛禽走獸，人物故事，相傳為五代之作。中央有一『萬年寶鼎』，為一九八一年新鑄。

三清殿內，高峻宏敞。椽角桁架全用大木木料榫頭結構，上蓋彩繪承塵，繪有鶴、鹿、雲彩，暗八仙等。殿內朱漆丹柱四十根，柱粗需兩人合抱，均係平頭柱，上置斗拱結構，柱礎為圓形素覆盆與盆唇各一層。前後及東、西山牆壁檐柱，是用三十根八角形石柱。每根石柱露出牆外的六面，每面都鑿有一個天尊聖號，共有一百八十個天尊聖號。殿正中須彌上供奉三尊盤座金身三清塑像。三清神像前有玉皇大帝神像，旁有『金童』、『玉女』及『鄧』、『辛』、『張』、『陶』四天將。三清神像背後，面北供有一座『虛皇』神像。大殿大梁正中，懸一匾額，上書『太初闡教』四字，為清乾隆皇帝御筆。

據《元妙觀誌》載，乾隆三下江南時，都到過玄妙觀，第二次為乾隆二十二年（公元一七五七年），曾手書『清虛靜妙』四字賜與，第三次為乾隆二十七年（公元一七六二年），曾題對聯，聯文為『圓筦葉三元仁宣橐龠，妙機含萬有壽溥垓埏』及『太初闡教』、『梵籟清機』兩塊匾額賜與。

在三清殿的西牆上，有一塊老子像碑，現用木框加門嚴密保護。此碑為唐代畫聖吳道子作畫，大書法家顏真卿手書的唐玄宗李隆基御贊。碑成於宋寶慶元年（公元一二二五年），為當時勒石高手張允迪摹刻而成。碑上的老子畫像，面容兩頰豐滿，口、鼻、眼略為集中，體態瀟灑，形象十分生動，頗有仙風道骨之狀。

三清殿後面，原有一座三層建築物，名彌羅寶閣。初建於明正統三年(公元一四三八年)，明萬曆三十年(公元一六〇二年)毀於火。清康熙十二年(公元一六七三年)重建。規模與三清殿基本相同。殿內亦有三十根八角形石柱，同樣鑿有一百八十個天尊聖號，如二處合在一起計算，共鑿有三百六十個天尊聖號。殿面為九開間。最上一層供『萬天帝主』，左右有三十六員天將；中間一層供『萬星帝主』，左右是『二十八宿』(角、亢、氐、房、心、尾、箕、斗、牛、女、虛、危、室、壁、奎、婁、胃、昴、畢、觜、參、井、鬼、柳、星、張、翼、軫)；下面一層供『萬地帝主』，左右是六十花甲神像。彌羅寶閣於清嘉慶、同治時都進行過修葺。民國元年(公元一九一二年)一夕被火全部焚毀。後在閣基上建立『孫中山紀念堂』，現為『觀前影劇院』。

玄妙觀原有『內十八景』和『外十八景』，如水火亭、四角亭、六角亭、二角亭、一人弄、五鶴街、五十三參、和合、麒麟照壁、望月洞、三星池、七泉眼、運木井、一步三條橋、靠天吃飯碑、八駿圖石刻等，但現在多已無考。

(四) 上海海上白雲觀

白雲觀位於上海市區老西門西林後路一百弄八號，全稱『海上白雲觀』。它的前身為雷祖殿。清同治二年(公元一八六三年) 道士王明真到上海，在北門外新橋朝陽樓(今延安東路、浙江路之東) 創建了一所雷祖殿，係杭州顯真觀分院。光緒八年(公元一八八二年) 因上海拓修馬路，道士徐至成於西門外萬生橋西南(即今址) 購得土地三畝多，遷建了雷祖殿。光緒十二年(公元一八八六年) 又擴建了斗姥殿、茅山殿、客堂和齋堂等。光緒十四年(公元一八八八年) 住持徐至成進京，在清官德駒、徐松閣以及北京白雲觀方丈高仁峒的幫助下，擬改『雷祖殿』為『海上白雲觀』，即以北京白雲觀下院的名義，請得明版《正統道藏》一部，以『留鎮山門』。徐至成在京嗣法後回到上海，擔任了海上白雲觀第一任監院，並採用了較健全的白雲觀規戒，確立了海上白雲觀的十方叢林地位。在徐至成的苦心經營下，又擴建了三清殿、吕祖殿、邱祖殿，使白雲觀成為前門在萬斜路，後門在肇周路，佔地十四畝多的東南地區頗具威望的全真道觀。

白雲觀自創建以來，幾經興毀。現為佔地九七五平方公尺的雙層鋼筋水泥結構的道觀。

門前懸一直額，上書『白雲觀』三字。進內樓下前殿為靈官殿，後殿為玉皇殿，左右兩邊皆為客堂；樓上前殿為雷祖殿，後殿為老君堂。靈官殿正中供奉道教護法神王靈官神像，神像右手執鞭，左手掐靈官訣。背面而立者為趙公明元帥，是道教所奉的財神，又是道教正一派的守護神。殿內兩邊配有馬勝、康應、温瓊、岳飛四大元帥站立神像，像高一點七七公尺，為明代鑄造的鎏金銅像，其神態端莊，栩栩如生。

玉皇殿門額懸一匾，上書『靈霄寶殿』四個大字。兩旁有楹聯一副，聯文為：『黃籙壇中玉罄一聲朝帝闕，青華會上金鐘三轉度衆生』。殿內神龕內供奉『昊天金闕至尊玉皇大帝』清時銅鑄坐像，像高一點八公尺，重一點八噸，身著九章法服，頭戴十二珠冠冕旒。神龕上一匾額，上題『彌羅寶閣』四字。在玉皇大帝左右還分別供有張道陵天師與許遜天師明鑄鎏金銅站像，像高一點七五公尺，鑄造精緻。二樓前殿為雷祖殿，現又名星宿殿。正中神龕內供奉三尊像，正中位為『九天雷祖大帝』木雕坐像；左位為『北極玄武大帝』（即真武大帝）明鑄鎏金銅坐像；像高一點三一公尺，背部有明萬曆乙未年（即萬曆二十三年，公元一五九五年）鑄造的銘文；右位為『南極長生大帝』木雕坐像。殿兩側各有三十尊重塑木雕元辰像。後殿為老君堂，此處原為藏經閣，是專為供奉明版《正統道藏》所建。

抗戰期間，日軍進駐白雲觀，發現這裏珍藏有明版《道藏》，司令官便下令將其全部封存，不讓破壞，準備日後運往日本，後幸逢抗戰勝利，没能運走。一九四九年初期，上海圖書館為保存文物收藏了明版《道藏》。現老君門額上有一匾額，上書『老君堂』三字。堂内供奉唐代著名畫家吳道子所繪石刻老君畫像拓本，畫像上還有唐代著名書法家顏真卿所書玄宗皇帝『御贊』。

白雲觀現在不僅恢復了正常的宗教活動，而且還成為弘揚道德文化，培養道教人才的場所。

（五）杭州抱朴道院

在號稱『上有天堂，下有蘇杭』的杭州，有一座著名的道教宮觀，這就是抱朴道院。

抱朴道院位於浙江省杭州市西湖邊寶石山以西的葛嶺上。唐代為紀念著名道教理論家、煉丹家、醫學家葛洪，建『葛仙祠』，題額為『初陽山房』，並建造了初陽臺石亭。元代遭兵火祠廟被毀，明代重建，改稱『瑪瑙山居』，清代復加修葺，稱『抱朴道院』。現存的樓臺殿宇均為明清時的建築。

抱朴道院面臨西湖，背靠葛嶺，從湖邊到抱朴道院不到一公里，交通甚為方便。由湖邊往葛嶺，先有一黄色牌樓，牌樓座北向南，磚石結構，上蓋青瓦。經過牌樓沿一層層的石階直上，途中有一亭，人稱『靈官亭』，站在亭內可眺望西湖的千頃碧波，白堤的桃紅柳綠，亭梁上塑有道教護法神王靈官的神像，其設置奇特，與衆不同。再拾級而上過第二亭，不一會就到了抱朴道院。山門額上寫着『葛嶺』兩個大字，門柱上刻有『初陽臺由北上達，抱朴廬亦可旁至』對聯一副。門旁院牆宛若起伏的一條黃龍，故又稱『龍牆』。抱朴道院的正殿是葛仙殿，為歇山式木結構建築。殿內供奉葛洪、吕洞賓、慈航真人等神像。東側有紅梅閣、抱朴廬和半閒堂，均為重檐歇山式木結構的樓閣建築，精巧别緻。紅梅閣中有木刻畫廊，其中戲曲《李慧娘》的故事十分引人注目。

抱朴道院周圍還有《葛仙庵碑》、煉丹井、煉丹台、初陽台等名勝古蹟。《葛仙庵碑》立於明萬曆壬子年（即萬曆四十年，公元一六一二年）春，由資政大夫刑部尚書姚沈應撰文，中憲大夫鳳陽府知府王國楨書篆。碑文記述了葛洪的生平和到此結廬煉丹的經過，還記述了歷代廟宇的興建情況及祀典之事。院內的雙錢泉甘冽清澈，相傳長飲此水可療疾健體，益壽延年。初陽臺在葛嶺頂巔，為錢塘十景之一，是觀日出的好地方。古人稱其東觀海日，南對江潮，西鄰孤山，北連古蕩，可吸日月之精華，收山川之靈氣。煉丹臺在初陽臺下面，為葛洪安爐煉丹之處。煉廟井在煉丹臺旁，是葛洪煉丹用井。抱朴道院於一九八二年被國務院定為全國道教重點宮觀之一。

（六）廣東羅浮山道觀

羅浮山位於廣東省惠州市西北，地跨博羅、增城和龍門三縣。東起博羅縣楊村，西至增城縣增江東岸，南起福田，北抵龍門縣平陵。長約六十公里，面積約一千平方公里。傳說羅浮山原為二山，羅山自古有之，浮山是由東海飄浮而來，倚於羅山東北，鐵橋峰將兩山相聯，後來人們遂將二山合稱為羅浮山。亦稱東樵山，與西樵山、丹霞山、鼎湖山並稱廣東四大名山，享有『百粵羣山之祖』的美稱。博羅縣境內主峰飛雲頂海拔一千二百八十一點五公尺，著名史學家司馬遷稱其為『粵嶽』。它不僅是我國十大名山之一，而且是道教著名的洞天福地。據《雲笈七籤》卷二十七《洞天福地》所載，羅浮山為道教十大洞天的『第七洞天』，名『朱明輝真之洞天』。七十二福地的『第三十四福地』。

羅浮山中有羅漢、滴水、伏虎、通天等七十二個石室幽巖，有桃源、夜樂、水簾、蝴蝶、酥醪等十八洞天，有大小山峰四百三十二個，有水簾洞、白水灕等九百八十多處飛瀑名泉，原有九觀十八寺二十二庵，今尚有冲虛觀、酥醪觀、黄龍觀、白鶴觀、九天觀等道教開放宮觀，其中冲虛觀在一九八二年被國務院定為全國道教重點宮觀之一。

羅浮山有葛洪煉丹灶、仙人洗藥池、朱明洞、白蓮池、飛來石、東坡亭、會仙橋、蝴蝶洞、仙人卧榻、蓬萊丘壑、茶山飛瀑、梅谷幽蹊、水門春花、符峰晚照、澗石坐機、山潭凝碧、石竈煎瓊等名勝古跡。由於羅浮山風光秀麗，氣候宜人，很早以前便被人們認為是神仙的洞府，南海的『蓬萊』，給人們留下了許多美麗而神奇的傳說故事。歷代的很多高人隱士、文人墨客前來此遊覽、隱居和修煉，為其作賦吟詩，歌頌讚美，如葛洪、陸修静、陸賈、謝靈運、李白、杜甫、李賀、劉禹錫、蘇東坡、朱熹、楊萬里、屈大均等，至今山中還保存著不少他們所作詩詞歌賦之石刻與題字。東晉咸和年間（公元三二七年左右）著名道教理論家、煉丹家、醫學家葛洪到羅浮山修道煉丹，採藥濟世，創建東、西、南、北四庵（東庵九天觀、西庵黃龍觀、南庵冲虛觀、北庵酥醪觀）及白鶴觀。據《古今圖書集成·羅浮山部》載：晉咸和中，葛洪至此以煉丹，從觀者衆，乃於此置四庵。據此，可說葛洪是嶺南道教聖地的開創者。

一、冲虛古觀

冲虛古觀即冲虛觀，位於羅浮山南麓，東晉咸和二年（公元三二七年）葛洪創建。初名都虛觀，唐玄宗天寶年間（公元七四二—七五六年）擴建為葛仙祠，宋哲宗元祐二年（公元一〇八七年）賜『冲虛觀』匾額。清光緒二十六年（公元一九〇〇年）重建，今之規模基本保持其清代重修後之舊貌。由於香火鼎盛，遊客如雲，影響頗廣。據傳，杭州西湖的黃龍洞，上海閘北的黃大仙廟，香港九龍的黃大仙觀，馬來西亞和新加坡的黃龍廟都是冲虛古觀分支出去的。

沿白蓮湖畔，經會仙橋，穿過古木蔭蔽的園林，就到了冲虛古觀。冲虛觀為一套四合院式的木石結構建築，包括山門、正殿和配殿，中路建築兩側有百餘間兩層樓的丹房、齋堂、庫房等附屬建築，全部建築面積共四千四百多平方公尺。

山門前有一副筆走龍蛇、字體遒勁的石刻楹聯，聯文為『妙景空不空四百峰巒朝紫府，尊躬上之上五千道德啟玄門』。山門上有一橫額，上刻『冲虛古觀』四個大字。門兩旁也刻有一副對聯，聯文為『典午三清苑，朱明七洞天』。山門屋脊上立着一排雙龍戲珠及花木樓閣大型立體彩陶雕塑，為清代佛山石灣著名陶工吳奇玉的傑作。

經過大天井便是三清殿，殿門高懸硃底金字橫匾額一塊，上書『三清寶殿』四個大字。殿內供奉道教最高尊神玉清元始天尊、上清靈寶天尊、太清道德天尊金身塑像。在三清像前還配供有張道陵、葛玄、許旌陽、薩守堅四位真君神像。大殿兩旁設精緻神龕兩座，東面神龕，供奉着九天應元雷聲普化天尊（雷神），西面神龕，供奉太乙救苦天尊。整個殿堂碧瓦朱甍，畫廊彩壁，莊嚴肅穆。殿前左側『鉢堂』（齋堂）內，有水井一口，為葛洪當年煉丹取水用的『長生井』，此井深七點八公尺，口徑零點四五公尺，底寬零點九公尺。此井水一年四季保持在二公尺左右，而且長年不枯，清冽甘美，用以烹茶，味甚清香。傳說以前善男信女來冲虛觀遊覽或上香，都要用一斗公尺換一斗水帶回家去，以保長生。有詩讚云：『傳聞地獻寶，靈液出鳳草，每日汲三升，何必安期棗。』

觀內還有葛仙祠、呂祖殿、黃大仙祠等殿宇。葛仙祠供奉葛洪和鮑姑；呂祖殿供奉純陽祖師呂洞賓；黃大仙祠內供奉晉代道士黃初平。殿內神像多為近年新塑，却也栩栩如生。

在冲虛觀葛仙祠後，有葛洪建造的煉丹灶。『丹灶』旁曾有蘇東坡書『葛洪丹灶』四個大字。因屢經興廢，至清乾隆二十年(公元一七五五年)，廣東督學吳鴻為此補題了『稚川丹灶』四字。灶頂高三點六公尺，四角形底座邊長二點二五公尺，基座為八角形壇體，由花崗石砌成，在八個方位上，分別雕有八卦符號，及瑞鶴、麒麟等靈禽異獸的各式圖案。在四角的石柱上雕刻着栩栩如生的雲龍浮雕。丹灶之上有一個三足鼎，叫『未濟爐』，是一個罐形，像葫蘆的樣子，中間還有一個可轉動的柄，蓋子是荷葉形的，看來十分別緻。

在煉丹灶旁邊，有『仙人洗藥池』。水池為八角形，池旁有一巨石，石上書『洗藥池』三個朱紅色大字，在池畔巨石上還鐫刻着清代詩人邱逢甲追憶葛洪的詩句：『仙人洗藥池，時聞藥香發，洗藥仙人去不還，古池冷浸梅花月。』此池據傳為葛洪當年在羅浮山洗製草藥的地方。

在仙人洗藥池左上側有一『東坡亭』，是『東坡山房』故址。相傳蘇東坡於紹聖元年(公元一〇九四年)，被朝廷貶到惠州後，和兒子蘇過來到羅浮山，因尊崇葛洪，亦在此學起煉丹來。亭之四周遍植奇花異草，春夏二季，百花爭艷，清香逼人。

冲虛觀的西面，有曲徑通一洞，洞外周圍遍植桃樹，每年桃花盛開，景色甚美，故名『桃源洞天』，為羅浮山十八洞天之一。相傳七、八月間每至下午，常有蝴蝶萬千羣集該洞飛舞，故又名『蝴蝶洞』。

在桃花源上面，有一巨石佇立於危崖之上，上粗下細，若即若離，隱隱欲動，上書『飛來』二字。傳說明朝時冲虛觀有一位姓黃的道士某夜靜坐，忽然雷電交加，風雨大作，並無巨響聲，次日清晨雨止，他發現巖石上出現巨石一塊，不知其石從何而來，人們故取名『飛來石』。

從飛來石登過『雲梯』，便可到『遺履軒』，據《羅浮山誌》記載：『鮑靚將其女鮑姑許予葛洪為妻，後葛洪告別其妻與鮑靚，來羅浮山中煉丹修道，而鮑靚乃在廣州為官從政，但人們常常在夜間聽到羅浮中有鮑靚與葛洪談玄論道之聲，有人怪而候之於巖下，祇見一雙燕子時時往來，乃於一夜將雙燕網住，却發現所網之物並非燕子，乃為鮑靚的一雙靴子。後來有人便在此巖石之上修建了這座遺履軒。

仙人臥榻，在遺履軒上四角涼亭之內，為一塊長五尺許，闊尺半，高一尺的天然石板，該石板緊靠巖側，恰如一榻，巖壁上刻『仙人臥榻』四字，關於其名的來歷傳說有二：一謂葛洪當年在羅浮山時常於盛夏之日到此納涼憩息；一謂古時曾有一『五臨軒仙人』常在此靜臥而得名。

沖虛觀後面有一朱明洞，傳為葛洪修道成仙之處。相傳秦時神仙安期生曾到此來過。宋代著名道士白玉蟾(葛長庚)曾在此修道傳教，授張湛然、彭耜、胡胎仙三人得道。朱明洞座落於深谷叢林中，那裏萬籟俱寂，只有小溪流水，淙淙作響，幽靜雅緻，宛如仙境。另外沖虛觀旁還有白蓮湖、會仙橋、泉源洞等名勝古跡。

二、酥醪觀

酥醪觀位於羅山之北、浮山之南的深山幽谷之中。到酥醪有三條路，一是從沖虛觀至涅石壚，至桃子園下車，登茶山坳而到；二是從沖虛觀背後，沿石級路入山，經步雲洞天、小飛雲(蛤蟆石)到分水嶺，然後直上飛雲頂下白水門而到；三是從增城縣正果蘭溪，沿山邊新開公路而入。

酥醪觀初為葛洪於東晉時創建，名『北庵』，後據安期生與神女會觴於玄邱，共談玄機，酣飲玄碧香酒，醉後呼吸水露皆成酥醪，各乘飈車而去，味散於諸天的傳說，易名酥醪觀。又稱『神仙古洞』、『酥醪洞天』。清雍正五年(公元一七二七年)重修。觀佔地共二千七百多平方公尺。

觀門石刻匾額『酥醪觀』三字，為香山(現名中山)鮑俊書。觀門有一楹聯，聯文為

『仙踪何處招尋爭傳酣醉奇緣已歸東海，塵世凡人看破安得超脱上士同駐北庵』。正殿牆上有《重修酥醪觀碑銘》、《重修酥醪觀碑記》、《酥醪林園種梅書》等碑文。殿內正中供奉雷祖，左邊供呂祖(呂洞賓)，右邊供葛洪。正殿前有高八公尺，長五點五公尺，寬四點五公尺的亭臺一座，為住持訓示徒衆及打醮傳經的地方。亭臺旁有古茶樹。正殿左側為『蓬萊閣』，內存有清代『聚寶爐』、花盆和混元古道牀。四周遍植松竹。門前一蓮池。穿過迴廊，一小樓隱於曲欄花窗中，中山縣人黃子實題匾曰：『浮山第一樓』。兩邊有一楹聯，聯文為：『小樓容我靜，大地任他忙』。樓壁有一題詩：『一酌酥醪骨欲仙，樓高覽盡洞中天。心飛海日三神上，身在蓬萊左股邊。桂父叩門談服食，麻姑招手話桑田。拍肩又被洪崖笑，我墮塵寰六六年。』為清番禺人張維屏六十六歲時遊酥醪觀時所題。觀後山頂有陳濟棠建的駐鶴亭。有溪水從二十公尺寬、百公尺高的崖頂直瀉而下，騰飛三級陡坡直奔龍潭，這就是有南粤第一瀑布之稱的白水門瀑布。

觀左側半山腰古松下，有一高二點五公尺，長四公尺的巨石，名『斗臺』。石上刻有『南山拜松處』五字，下署『浮山斗臺江海濤題，住持江瀛濤刻之於斗臺之下』。其下還有南海謝里甫(榮生)所題刻『羣玉』兩個大字。斗臺下首，甘泉噴湧，澄澈甜美，傳為仙人所開，飲之延年益壽的『釀泉』，酥醪觀道士和附近山民，汲以釀酒，泉香而酒冽。過去酥醪觀主，採摘觀前的銀桂花和丹桂花釀酒，清香撲鼻，每逢來參訪的遠方道友及詩人墨客，均以桂花酒待客。泉邊石上，刻有『釀泉』二字。還有一石刻『趣』字令人回味。

在釀泉前百步，有石塊壘築，面積約八十平方公尺的高臺，名『逍遥臺』。臺對面山坡有松蔭亭，亭高五公尺，內懸《松蔭亭記》匾，並有記云：『松為羅浮冠，人壽如喬松，予擬顏以蔭，可因以為額。考得斯亭，以暢天機，滌塵，抱垂蔭於無窮。』署名為圓鏡道人。

在離酥醪觀八里的白水門下，有一巨石，上刻『忘饑石』，據說時有楊應琚、吴子建等人由酥醪觀道士引路，尋此佳境，遊玩一天，日暮始歸，時道人請為石贈名，楊說：『遊人坐此石，可以忘饑』，遂取名『忘饑石』。

自忘饑石沿溪而下約一公里，溪中有面積約二百平方公尺的碧綠深潭，名『七仙姑潭』，旁有黎應鐘題『銀泉』石刻。傳說七位仙姑，每逢七月初七日下凡，在潭中戲水沐浴。

酥醪觀附近，還有小蓬萊、茶山瀑、洗心泉、綠屏嶂、觀巖瀑、鶴笑亭、梅隴石澗、凝碧潭等名勝古跡。

（七）廣州三元宮

三元宮位於廣州市越秀山麓清泉街，是廣州市著名道教宮觀。始建於東晉元帝大興二年

（公元三一九年），是南海郡太守鮑靚為其獨生女『潛光』（世稱鮑姑，即葛洪之妻）修建的修道之地，初名越崗院。因傳鮑姑曾在此『藉井泉及紅艾為醫方，活人無算』。後人為懷念她，為之修建『鮑仙姑祠』，並修葺當年之井。因地處市北，後人又稱北廟。至明崇禎十六年（公元一六四三年），改建為『三元宮』。

當時有欽天監從北京來廣東，對廣州的鄉紳父老說：天上三臺列宿，應運照臨穗城，正照越崗院，應在越崗院中央加建一座三元殿，以應上天垂賜祥瑞之吉兆，極利五羊城。鄉老一致贊同，遂集資塑三官神像祀於正殿，移鮑姑像於偏殿。清康熙三十九年（公元一七〇〇年）重修。請杜陽棟為住持，開十方叢林。擴建頭門靈官殿，正殿為三元殿，殿左右為鐘鼓樓，東偏殿為呂祖殿，西偏殿為鮑姑殿。又增建後面老君殿，最後增一列小殿，安奉玉皇、斗姥等。又將宮後偏東處的五個山洞，即『五老洞』修復，供道侶修煉靜功所用。

清乾隆五十四年（公元一七八九年），及同治年間都對三元宮進行修葺。五老洞民國初年已毀。抗日戰爭時，該宮被毀嚴重，抗日戰爭勝利後曾稍加修整。『文化大革命』時道衆被驅，殿堂被佔，一應器物蕩然無存。

落實宗教信仰自由政策後，道衆重新回宮，在各方資助下修復了靈官殿、三元殿、老君殿、呂祖殿、鮑姑殿及鐘鼓樓、齋堂、客堂等建築，重塑神像，並吸收了一批年輕道士。三元宮又再度興旺起來。

三元宮位於越秀山南麓，依山勢而建，拾級而上，氣勢軒昂。山門兩旁刻有『三元古觀，百粵名山』對聯一副，為清名書法家翰林院庶吉士游顯庭書。內供道教護法神王靈官塑像。正殿三元殿面寬為五開間，歇山式建築，前檐接卷棚式拜廊與鐘鼓二樓相連，均建於崇臺之上。平南王尚可喜鑄有一口大鐵鐘曾懸於鐘樓，惜『文化大革命』期間被毀。三元殿內供奉上元、中元、下元神像。宮內西隅有鮑姑井，又名虬龍古井，旁有古屋一間，掛有『虬隱山房』匾額，為鮑姑在此得道仙跡。

四、神仙都會宗巴蜀

（一）青城山道觀

乘車西出成都，要不了多久，便見一山橫臥，延綿莽蒼。走入山中，只見丹崖壁立，石梯宛延、林泉幽寂、怪柏虬蚺。陣陣松濤聲中不時傳來鼓樂奏鳴、鐘磬聲聲。這裏便是號稱『天下幽』的道教名山青城山。

青城山位於都江堰市（原灌縣）西南十五公里，距成都市六十八公里。屬岷山餘脈，邛崍山脈南段的東支。此段以大面山（即大岷山趙公山）為主峰，海拔二千四百三十四公尺。

青城第一峰（即彭祖峰）位於上清宮後呼應亭，海拔一千二百六十公尺。天師洞海拔一千公尺，山門建福宮僅七百九十三公尺。背靠岷山雪嶺，面向川西平原，周圍一百二十多公里。道教洞天福地裏稱其為第五洞天，在十大洞天中，名：『寶仙九室洞天』。

古人記述中，有青城山『一百零八景』、『三十六峰』、『八大洞、七十二小洞』之說。其三十六峰最早見於王象之著的《輿地紀勝》中，他說：三十六峰在青城山儲福觀（可見），天倉諸峰屹然三十有六。其前有十八，謂之陽峰；後有十八，謂之陰峰；每峰各有一洞。而八大洞、七十二小洞則見於杜光庭《青城山記》：有七十二洞，應七十二候；有八洞，應八節：第一太乙洞、第二九仙寶室洞、第三婆羅洞、第四高臺玉室洞、第五麻姑洞、第六寶圓洞、第七聖母洞、第八都督洞。

青城山本名清城山，蓋取天上清都之意。在古代典籍《山海經》中稱為『成都載天山』，亦稱『西山』或『長坪山』。王家祐先生考證認為：最初的『成都』就是『青城都』即『成都載天之山』，是『開明氏蜀國』的祖山。『天谷』即『陽谷』，是扶桑所生長的崑崙山（又分稱為羣巫之山、博父之山）。

漢晉時的清城山屬蜀郡江原縣。南齊永明四年（公元四八六年）分置齊基縣。北周天和四年（公元五六九年）改齊基縣為清城縣，縣因山為名。唐代《元和郡縣誌》云：青城山，在（青城）縣北三十二里。開元十八年（公元七三〇年）閏六月十八日唐玄宗《青城山置祠室》的詔書中，將青城山的『清』字寫為『青』，以後便沿用為青城山了。後人釋名也作『青翠四合，狀如城郭，故名青城』之解了。

宋時，青城山屬永康軍青城縣。元至元十三年（公元一二七六年），廢青城縣，置灌州。明洪武中，改稱灌縣。此後，青城山一直屬灌縣。

一九五八年底，灌縣青城山所在地的太平公社曾一度劃歸成都市金牛區，一九六〇年重歸灌縣。一九八三年五月，灌縣劃為成都市轄縣，一九八八年五月二十日，灌縣改為都江堰市，由成都市代管。當年六月二十二日成立青城山鎮，統管青城前山、後山。

東漢張陵未來之前，青城山民間早就祭祀着從黃帝以來的五方神靈，這就是『西陵氏』（岷山部族）的『五老仙都』。青城山最早的神話是從父母兩系（黃帝、西嫫）開始的。山有『黃帝壇』、『軒轅峰』，有黃帝拜寧封子為五嶽丈人的丈人峰。《先天本紀》中說：『黃帝南至青城山，禮中皇丈人，問真一之道。』西王母女系，則留有『玉女洞』、『麻姑池』。《山海經·海內經》有『西南黑水之間，有都廣之野，后稷葬焉。其城方三百里，蓋天地之中，素女所出也』。這樣的記載。楊昇庵《山海經》補註說：黑水都廣，今之成都。素女在青城天谷，今名玉女洞。他在《昇庵文集》七十六名山條又說：青城山一名天谷。杜光庭《青城山記》中稱青城山一名赤城山，一名青城都，一名天國山。

巴蜀的原始巫教——『鬼道』（五斗米道的前身）很早以前就在青城流傳（青城有鬼

城山、暫鬼臺)。東漢時的青城山(世稱『青城三百里』)是泛指蜀郡江原縣邛崍山脈東支諸山的總稱。自古以來,青城山就有『神仙都會』的美譽。不少高人隱士於此隱居修煉,如《蜀記》中的蜀中八仙:容成公、李耳、董仲、張道陵、范長生、李八百、嚴君平(嚴遵)、爾朱榮。及趙昱、姚光、宮嵩、李意期、古强、徐佐卿、薛昌、勾符臺、張愈、杜光庭等等。他們在青城山留下了不少傳説。

在道教史中,青城山佔有獨特地位。道教創始人張陵(公元三四—一五六年)於漢安元年(公元一四二年)於鶴(鵠)鳴山(後立為二十四治之一的『鵠鳴神山治』)造作道書二十四篇,自稱『太清玄元』。次年(即漢安二年,公元一四三年)『自渠亭鶴鳴,頓駕兹嶺(指今天師洞所在的第三混元頂),行明威之法,清滌林澤,折衝萬里,拔鬼城鬼市。』(見唐代杜光庭《修青城山諸觀功德記》)在《道藏輯要·漢天師世家》則説:『……(張陵)初居陽平山(今彭州市境),感太上授以經籙之法。次登西城山,築壇墠以降五帝。……還鶴鳴山。漢安元年(公元一四二年)壬午上元,感太上垂車駕五臺龍降,陵造作道書二十四篇,自稱『太清玄元』。漢安二年(公元一四三年)七月一日,登青城山。山有鬼城鬼市,鬼衆分為八部,日為民害,各有鬼帥領之。及至,鬼帥率其屬迎敵,戰敗請求歸順,天師遂命五方八部六大鬼帥俱會於青城黃帝壇下,使人處陽明,鬼處幽暗,立二十四治,增置四治,以應二十八宿正氣。』二十四治(後避違稱『二十四化』就是二十四個教區,在初建立時是有遷播的,如中央教區『陽平治』初在彭縣（即現彭州市海窩子），繼在成都北郊繁陽山，後在陽平關。又『北邙治』初在雋州（即西昌地區），後在洛陽。而『鵠鳴神山治』非唐以後之鶴鳴化）有人認為當時在天國山右，為蜀郡臨邛縣渠亭山赤石城（今崇慶縣和平鄉鳳鳴村、翠圍村一帶），但此說待考。如此說成立，那青城山是道教發源地之一了。但漢天師張陵在青城山顯道卻是衆人公認的事實。現今所存的擲筆槽、三島石等都傳為張天師的神力所至。在《青城山丈人祠碑》中，唐人徐太亨稱青城山為『仙都衆妙之奧，福地會昌之域，張天師羽化之處焉』。

有人認為張天師羽化後就葬在天師洞，即天師手植白果樹與西堂之墳起處。陵死，傳子衡，稱嗣師；衡死，傳子魯，稱系師，張陵後人嗣襲『天師』稱號，稱『天師世家』。歷代天師有來青城山朝拜祖庭之習俗。

『三張』之後，范長生是天師道又一重要首領。『成漢』政權曾與以『天地太師、西山侯』等稱號。

唐王朝崇道。據傳唐睿宗兩女（金仙、玉真兩公主）皆為女冠（即女道士），並於青城山立儲福觀。唐玄宗時羅公遠於青城羅家山太乙洞煉丹。前蜀王衍受道籙於宮中，以青城為道教宗山，並與太后太妃（徐家兩女，其一為花蕊夫人）同遊。南宋時虛靖天師張繼先來青城，再興正一道於常道觀。

明末，由於戰爭，青城山道士基本被趕盡殺絕，宮觀也隨之荒蕪。清康熙八年（公元一六六九年。一說康熙二十六年，即公元一六八五年）有在武當山太子坡拜全真教龍門派道士詹太林為師的道士陳清覺（公元一六〇六—一七〇五年），入蜀訪道，至青城山天師洞，見山川奇秀，殿宇荒廢，於是留居此地，奮力整修。不數年，整治一新，即交與道友張清湖經理。自己下山至成都青羊宮靜養。當時陳清覺有五道友，他們是：張清湖，後住持青城山天師洞；張清雲，住持潼川雲臺觀；穆清風，住持眉州重瞳觀；張清夜，住持成都青羊宮、武侯祠；張清仕，住持青城山文昌宮。康熙三十四年（公元一六九五年），成都府臬憲趙良璧到青羊宮參道，偶遇陳清覺與之交談，不禁喟然嘆說：道長非常人，儼有出世之姿！遂事以師禮，捐獻俸銀，修建二仙庵，請陳清覺主持。後奉詔進京，陳清覺攜青城毛茶數斤見駕。康熙皇帝誇其味美，著其常供。於是青城之貢茶從此而始。

康熙皇帝敕封陳清覺號為『碧洞真人』，御節賜給『碧洞丹臺』匾額及赤龍黑虎詩章、珊瑚樹、金杯等物。自此，在蜀中開創全真教龍門派碧洞宗，傳承至今。

民國時期，常道觀住持彭椿仙帶領道眾栽桑養蠶，種茶植樹。今青城山牌坊崗及常道觀山門道旁的參天杉樹，即當年所植。『青城天下幽』，從此更為聞名。並於一九二〇年至一九三九年間擴建常道觀殿宇。修建了齋堂、西廊、披茸樓，重修了三清殿、飲霞山房、銀杏閣、靈祖殿、黃帝殿、青龍殿、白虎殿、山門及觀內的石階石壁、海漫、石欄等，重修了東客堂、長嘯樓、祖堂、迎曦樓等。並用建設道觀剩下的樹皮邊料，沿丹梯鳥道修亭樹，供香客、遊人小坐休息，憑欄遠眺，還可暫避雨雪。並遍請名人留詩題字。青城山之成為國際上知名的遊覽勝地，彭椿仙大師有不可磨滅的功績。一九四二年七月彭椿仙大師因辛勞成疾、與世長辭。易心瑩大師繼任天師洞當家，續修黃帝祠。

一九五三年成立灌縣文物保管所，兼管青城山。一九五七年，易心瑩大師去北京參加中國道教協會成立大會，當選為副會長。同年又當選為四川省道教協會會長。『文化大革命』期間，道士和宮觀都受到衝擊。一九六八年長生宮失火，大殿被毀。一九七九年十二月，青城山道教協會成立，在傅圓天大師的主持下，陸續將天師洞、祖師殿、圓明宮、玉清宮、上清宮、建福宮收回，由道教協會管理。

青城山道觀有著名的『青城四絶』。它們是乳酒、貢茶、泡菜和白果炖鷄。

洞天乳酒　主要原料為獮猴桃，又叫仙桃、茅梨。含有豐富的維他命C和檸檬酸、葡萄糖、蛋白質等等。其維他命C含量每百克達一百至四百二十毫克，比柑桔高五至十倍，被稱為『果中之王』。以此之原汁，用道家傳統秘方釀製出來的美酒，色白中帶碧，五味（果味、酸味、香味、甜味、酒味）協調，醇和滋潤。如長期飲用，能促進白髮轉青，延年益壽。青城山傅圓天會長熟諳道家傳統的釀製工藝，使乳酒一九八二年榮獲四川省科技成果奬。

洞天貢茶　青城茶聞名於世，由來已久。唐陸羽的《茶經》說：青城縣之丈人山有散茶，末茶尤好。林思進的《茅亭茶歌》說：『青城昨夜春雷響，明日茶芽一寸長，隔山齊唱採茶歌，便有新茶來市上。』清代，道士陳清覺帶青城毛茶數斤赴京晉見，大受康熙青睞。自此，青城道家更重製茶工藝。青城山道教協會承襲了道家製茶的傳統工藝，製成洞天碧峰、洞天龍芽、洞開貢茶數個品種，譽為名茶珍品。

白果炖鷄 『青城山白果炖鷄』久負盛名。白果也叫銀杏，其核色白，兩頭尖，三楞者為雄，二楞者為雌，内仁之外衣分兩色，一半銀灰，一半金黃。白果有良好的醫療作用。李時珍《本草綱目》説它『熟食温肺益氣，定喘嗽，縮小便，止白濁；生食降痰，清毒殺蟲』。青城山的銀杏樹，每年要産大量白果(其中以一種無心白果尤佳)，用它配以猪肘炖鷄，營養豐富。因白果有滋陰補陽的功能，猪肘性平，鷄肉性温，三者配搭炖食，相得益彰。炖好以後，湯純色玉，果呈牙黄，汁鮮肉美，清香不膩，具有食療價值。

道家泡菜 青城山道家泡菜，色、香、味俱佳，並且能够保存八九年的時間不變黑、不變酸、不變軟，人稱為『老泡菜』。泡菜品種甚多，每一種泡菜又能做出不同的味道，有鹼酸味、鹼辣味、甜酸味、香辣味不等。泡菜泡好後，其色彩更是繽紛，有絳紅如瑪瑙的海椒，有墨黑如塗炭的洋薑、地蠶，有鵝黄如象牙的子薑，有緑如翡翠的黄瓜，有潔白如素絹的藠頭。因其選料嚴格，用山泉、專人、專室、專具、泡菜鹵水配方特殊，所以色鮮質堅，一年四季均有供應。

全國政協副主席趙樸初先生訪青城後曾以《憶江南》調，賦詞五首，今録其下，以饗讀者：

其一：滑竿上，樹梢望飛雲。穴守丹田騰虎子，洞參黃帝護龍孫。靈氣滿青城。

其二：青城好，一絶洞天茶。別後餘香留舌本，携歸清味發心花。仙茗自仙家。

其三：青城好，一絶是甘泉。潤口滌胸堪益智，清心舒氣可延年。能飲即能仙。

其四：青城好，泡菜冠全川。清脆芥薹誇一絶，芬甘乳酒比雙賢。吾獨取椒盤。

其五：青城好，銀杏二千年。久已參天歸衆望，不辭落子助人餐。功德絶塵寰。

一、建福宮

建福宮在丈人峰下，青城山山門旁邊，是入山必經之處。巖碧林翠，溪澄水清，楠木叢森，盛暑猶涼。原名丈人祠，祀奉青城丈人寧封真君。古丈人觀原址在天國山中，融昭寺崖岸前。唐開元十八年（公元七三〇年）遷建於今鬼城山下。唐人徐太亨《青城山丈人祠廟碑》云『當年奉敕，青城丈人廟，準五嶽真君廟例』。

唐僖宗中和元年（公元八八一年）辛丑七月十五日，詔內臣及官員奉旨、詣山修醮，封寧封為五嶽丈人，希夷真君。北宋元豐三年（公元一〇八〇年），詔加號蜀州青城山丈人觀九天丈人為『儲福定命真君』。南宋淳熙二年（公元一一七五年）賜名『會慶建福宮』。取『帝以會昌，神以建福』之意，簡稱『建福宮』。

建福宮係清光緒十四年（公元一八八〇年）重建，建築面積一一九六平方公尺。建築中軸線與進山公路約成四十五度交角。現前山門已新改建為仿古牌坊式門坊，左有茶園與道家食堂，右有小賣部。

拾級而上，小折兩次，穿過前山門，步入內山門。門額上有一九四〇年原國民政府主席林森所題『建福宮』三字。兩旁的楹聯為著名學者顏楷撰寫，聯文為：『一樓和氣看山笑，半榻禪心印月明。』現前院與正殿於一九九二年改建一新。殿內神龕內供奉寧封真人、杜光庭真人兩尊彩塑神像。院落覆蓋在樟楠叢中，清幽凝翠。隔天井石梯上為後殿，重建於八十年代。殿下有兩株羅漢松，枝盛葉茂，為百年古樹。殿前掛有長聯，共三百九十四字，為清代人通江縣李善濟撰並書。此聯原掛在天師洞『龍蹻仙踪』，後移掛於此。此聯概括了青城山歷史地理，是一部山誌佳著。此聯還是經過『文化大革命』以後海內保存下來的最長的原物長聯（聯文附後）。殿內供奉太上老君、東華帝君、王重陽祖師。

建福宮左邊是赤誠巖，岸壁有抗戰初期為林森挖的防空洞。赤城巖畔有懸流，名『乳泉』，泉下有池，闊深數丈，中建一亭，名『委心亭』。亭柱有一楹聯，聯文為『草亭閒坐看花笑，竹院敲詩帶月歸。』梳妝臺，位於丈人山麓，從建福宮楠木林右側上山，傳為明末慶符王陳妃梳妝遺跡。

建福宮於一九八三年經四川省人民政府批准為道教開放宮觀。

附：青城山長聯

溯禹跡奠岷阜以還，南接衡湘，北連秦隴，西通藏衛，東峙夔巫。葱葱鬱鬱，縱橫八百里輿圖。試躡屐登上清絶頂，看雪嶺光騰，紅吞滄海；錦江春漲，綠到瀛州。歷井捫參，須臾踏蝸牛兩角。争奈路隔蠶叢，何處尋神仙符庫？丈人峰直牆堵耳。回思峨眉秋月、玉壘浮雲、劍門細雨，尚依稀繞襟袖間。況乃夜朝羣嶽，聖燈先列宿柴天；泉噴六時，靈液疑真君唾地。讀書臺猶存芳躅，飛赴寺安敢跳梁！且逍遥陟蒼葛崗，渡芙蓉島，都露出廬山面目，難遽追攀。樓觀互玲瓏，今幸青崖徑達，問當初華渚姚墟，銅鑄明皇應宛在？

自軒壇拜寧封而後，漢標李意，晉著范賢，唐隱薛昌，宋徵張愈。烈烈轟轟，上下四千年文物。漫借瓻考前代遺徽，記官臨内品，墨敕親頒；曲和甘州，霓裳同咏。鸞章翠輦，不過留鴻爪一痕。可憐林深杜宇，幾番喚望帝歸魂。高士傳豈欺予哉！莫道趙昱斬蛟，佐卿化鶴、平仲馳騾，悉縹緲若遐荒事。兼之花蕊宮詞，巾幗共譙巖競秀；貂蟬畫像，侍中與太古齊名。携孤琴御史曾遊，吹長笛放翁再往。休提説王柯丹鼎，譚峭跛鞋，那堪他沫水洪波，無端淘盡。英雄多寄寓，我亦碧落暫棲，待異日龍吟虎嘯，鐵船賈鬱定重來！

二、常道觀（天師洞）

出建福宮，迎面而來的就是青城山山門。一座高大的牌坊橫額上『青城山』三字金光閃閃，門旁閣柱上有聯云：『天開碧嶂迎雙展，人到青城第一峰』。

入門上山沿石板鋪道而上。有雨亭，亭後鬼城山，傳說為鬼容區隱地。經天然閣後分道而上，一為過月城湖，現修有纜車索道，可乘坐直上至上清宮外觀音堂；或步行經半山亭、四望亭登山至上清宮。

一為遊山舊路，經怡樂窩、引勝亭坡梯到『天然圖畫』牌坊。坊為重檐亭閣，建於清光緒年間。兩旁柱上有一楹聯，聯文為『溪壑奔騰百川東去通千派，雲霞縹緲萬里西來第一山。』坊後有駐鶴莊，聯云：『松檜隱樓三島鶴，樓臺間銷九霄雲』。南有寨子山，為清代蘭朝鼎、李永和義軍扎寨處。遊人罕至。

由天然圖畫上行經山陰亭、雲巢、冷然亭、凝翠橋、奧宜亭，到達天師洞前門『五洞天』門兩旁有一楹聯，聯文為：『府以清虛，娜嬛居福地；天然城郭，龍虎擬仙山。』進門後過集仙橋往上，即到青城山的中心道觀——常道觀（天師洞）了。

常道觀，距建福宮四里。位於青城山第三混元頂下，白雲溪和海棠溪之間的山坪上。因觀後有天師洞窟，一般人稱之為『天師洞』，也稱『第五洞天』。古名黃帝祠，隋名延慶觀，唐稱常道觀，宋名昭慶觀。

天師洞現存建築，係清康熙年間，由住持陳清覺主持重建。後由彭椿仙於一九二〇年至一九三九年改建而成。由天師洞、黃帝祠和古常道觀組成。整個建築羣佔地約七二〇〇平方公尺。古常道觀的山門、三清殿和黃帝祠布置在中軸線上。整座道觀東向略偏北。觀內大小十多個天井和曲折環繞的外廊，隨地形高低，把殿宇樓閣聯成一片。

進五洞天門，經集仙橋而上。雲水光中，有建於一九〇一年的吊脚樓式的閣樓於觀門外石梯路下。亭榭兩眉的木刻榜書為集清人鄭板橋字：『山矮人高，心清水濁』。在此小憩，既可仰望山門壯麗景象，也可透過密林，觀山光雲影。

山門騎建在高高的陡坎上，為重檐歇山頂樓閣式建築。上懸『古常道觀』金字匾額。石柱上有一副石刻貼金楹聯，聯文為：『勝地冠兩川，放眼岷峨千派繞；大名尊五嶽，驚心風雨百靈朝。』山門前一小坪，左側有青龍殿，右側有白虎殿，殿內分別供有『青龍、白虎』神塑像。山門石級梯道兩旁鑲細砂石板，上刻黃炎培、謝無量、吴稚暉等人的詩文。門中間匾額大書『第五名山』。山門內額『天谷中心』四字為餘沙圓居士法書。

進山門到三清殿之間為一大天井，山門樓上為靈祖。供有道教護法王靈官神像。王靈官後面供有道教財神趙公明神像。靈祖樓欄下有『留侯遺徽』。等匾額及多副楹聯。天井周圍立有石欄桿，石板上刻有十二生肖浮雕。欄柱上刻有『嬰寧遊戲』雕像多羣，為近代名匠楊星佑(公元一八五七—一九三二年)與陳星南設計施工。不僅形像奇妙生動，更有山風來時吹響刻竅可發出悠揚悅耳之聲，名『天籟』，合稱『天籟嬰靈』。

三清殿是天師洞的主殿，為重檐歇山頂樓式建築。殿堂橫列五間，共五百八十平方公尺。建於一九二三年。殿前通廊九級石階，石階上有三層八角寶塔形鐵香爐。前檐排列六根大石圓柱，立在高一點二公尺雕工精緻的石獅、麒麟和獨角獸柱礎上。前後檐柱和經柱共有高四點四公尺的大石柱二十八根，均用整石製作，其中有十六根刻有聯文。其中有：『一生二，二生三，三生萬物；地法天，天法道，道法自然。』為陳藍軒集王伯喬書。『道德經括人天治亂之大原，溯羣仙統馭萬類生成歸於太極；柱下史與乾坤悠久而為祖合，佛教慈悲孔門忠恕樹厥先聲。』為雙江劉咸榮書。『玄重為道德所宗，太上總三清信有丈人尊五嶽；正一授明威之籙，寶仙題九室別傳真宰領諸天。』為宋育仁題。

在正殿側還有一副楹聯，為陳夢龍題，聯文為『何處覓長生，遐想仙踪此地頻來探勝跡；前生慚玉局，同留佳話一官猶許領名山。』石柱上方的橕弓、彎門全係鏤空雕花，上刻飛禽走獸、花草人物，但都着色素雅，與主建築協調和諧。殿內供奉玉清元始天尊、上清靈寶天尊、太清道德天尊神像，彩塑莊嚴慈祥，為道衆朝拜中心。神龕兩旁經柱上有顏揩題寫的一副楹聯，聯文是『開物聖神初九室赤城黄旁籙；無名天地始三清金闕玉皇師。』樓上是『無極殿』，有清康熙時(或稱明末)的浮雕木花屏八扇，全係鏤空雕刻的芙蓉、荷花、孔雀等。樓正中開有八角形『樓井』，既能採光通風，又使遊人無壓抑之感，還能使遊人不用登樓，就能看到浮雕。大殿正額有『丹臺碧洞』匾額，為清康熙皇帝御書賜與道士陳清覺，後複製於此。無極殿右有著名道士易心瑩大師藏書室。後有樓閣小院(舊為坤道院)，前樓上為昔日供歷代方丈牌位之『祖堂』。三清神像後繪刻有《青城山全圖》和《黃帝陰符經》、《老君說清靜經》、《太上大通經》等道教經典。經柱側面各開一門，是通向黃帝祠和天師殿的必經之路。

殿前銀杏閣側，有一株古銀杏，高數十公尺，周圍約七公尺。枝葉繁茂，樹乳下垂有如石鐘乳，顯為奇觀(此為樹之氣生根，又名白果笋)。此樹傳為東漢張天師(道陵)手植。清人李善濟在《銀杏歌》裏讚頌道：『狀如虬怒遠飛揚，勢如蠖屈時起伏。姿如鳳舞於雲霄，氣如龍蟠棲巖谷。黃帝問時已萌芽，明皇西幸滿著花。老幹迄今獨超群，山色猶封漢時雲。』

大殿右旁為西客堂，懸掛『第五大洞寶仙九室之天』門額。內仿園林佈局，結構精巧。客堂後廳有迴廊，可憑欄縱觀天倉山、白雲溪風光。此處接待過不少中外重要人士。客堂外與『祖堂』相間處有花圃，內有一奇樹『公孫橘』及數株紅山茶，為清代所植。

與西客堂相對處為東客堂，現已改為食堂，為遊客服務，堂前一對聯，聯文是：『福地證因緣，萍水相逢誰是主人誰是客；名山推管領，蒲團靜坐半成隱士半成仙』。

三清大殿後有石梯上臺至黃帝祠，石梯轉彎處有杜甫咏丈人山詩及青城一百零八景名的石刻。臺壁與大殿後壁間有小道通往三島石與上天梯。大殿後壁上一通《重修天師洞常道觀募象碑記》，為清道光元年（公元一八二一年）住持萬本園立。碑高二公尺，分為兩部分，上部分刻『歷代帝王記』，碑頂雕刻有『伏羲、神農、軒轅』三皇像。有人認為『三皇殿』中的三皇像即本於此，不類唐雕風範。在臺壁上有似篆文的三個奇字，相傳民國十三年（公元一九二四年）拓自大面山巖間，一九四一年彭椿仙依樣刊刻於此。有人認為是『逆夷京』或『故夷京』，近人認為是古蜀國方塊字（上清宮前又挖出石條，上刻此類方塊古字），王家祐先生認為是『契壽空』三字。

正殿大院左側有三島石奇觀，巨石高數丈鼎足危立，上合下分，又名試劍石、降魔石。清光緒九年（公元一八八三年）六十一代天師張仁晸來此朝祖時，題『降魔』二字刊於石峰上。相傳，當年張天師來此降魔，忽然電閃雷鳴，天昏地暗，巨石從空飛來，天師心知妖魔作怪，奮力揮劍一劈，巨石破裂墜地，形成一條深邃的巖縫。狹縫中有石級約三十步可下至海棠溪邊朝曦亭。遡溪而上有洗心池，聽寒亭，夏雨後兩山瀑布匯飛散霧，其寒可聽，其池清心。三島石前坡有『慰鶴亭』，亭後有上天梯，由山縫石級可達上清宮。

黄帝祠在三清殿後，殿宇重檐迴廊，横額上有于右任先生手書的『古黄帝祠』四個金字匾額。兩旁楹聯亦為于右任先生手書，聯文為『啟草昧而興，有四百兆兒孫飛騰世界；問龍蹻何道，是五千年文化翊衛神州。』祠前廊左有馮玉祥將軍一九四三年撰並書的《軒轅黄帝祠碑》。祠內供奉軒轅黄帝金身塑像。黄帝祠是天師洞創建最早的殿宇。祠右有龕，供救苦天尊（即藥王孫思邈）騎虎神像。旁有民國八年（公元一九一九年）四川省長楊庶堪題贈『道在養生』石碑。牆角有明代羅漢松和凌霄花。傍巖處有『古六時泉』。

出黃帝祠右門上緩坡小徑至後院，小徑左壁有近代名人書法刻石多塊。前行為三皇殿，因內供伏羲、神農、軒轅三皇石雕像而得名。像各高九十公分，背有『開元』字樣，供於神龕之上。神座前有《大唐開元神武皇帝書碑》，碑高一點四公尺，寬零點七公尺，厚零點一公尺，是不可多得的唐代文物。據說那時，青城山有過佛道之爭，山下飛赴寺僧人，强奪了山上道觀，官司打到玄宗皇帝那裏。

開元十三年（公元七二四年）皇帝批下詔書，令『觀還道家，寺依山外舊所』。特命內品官毛懷景、道士王仙卿從長安到青城山，處置妥當後，由常道觀主甘遺榮書寫，吴光逵刻石，世代傳為鎮山之寶。碑旁有翻刻唐碑一通。殿內還有《龍門派碧洞宗道脈淵源碑》、《彭椿仙真人重修常道觀碑》，是道教重要歷史文獻。另有張大千繪天師像，趙蘊玉繪呂祖像、邱祖像碑刻三通。殿右側有吊足樓小閣名『白雲閣』，旁有宋代『九株松』今存三株尚茂。

三皇殿左有清代建木結構牌坊，牌坊上懸清人黃雲鵠書『龍蹻仙踪』匾。兩旁層層飛檐，用木板空花封口。其照面、立人、抱柱均彩繪花鳥圖案。屋頂重檐，屋面用『趺』、『梭』手法與『臺』法相配合，呈階梯式遞進。牌坊前有兩杈岐棕，此棕分兩幹，為唐代植。坊後閣門兩側嵌清代石刻複製岳飛手書和諸葛亮前後《出師表》（據南陽武侯祠刻本複製）。

入門上石梯有第三十代天師張繼先（虛靖天師）塑像，像和氣文雅。右向經『棧道』至混元頂下巖龕天師洞，閣樓是懸巖棧閣，可俯覽常道觀全院。石龕內供有隋刻張陵天師及二神將石雕像，天師像有三目，神態威嚴，左手掌向外直伸，掌上有『陽平治都功印』方印文。旁有兩甲冑神將。

天師洞一九八二年被國務院定為全國道教重點宮觀之一。道觀內有兩條路可繼續上行，一條走上天梯，由山縫石級約二百梯經息心亭、清虛閣、飴翠仙窠、朝陽洞到上清宮。一條由三清殿後，經黃帝祠、龍蹻仙踪牌坊出後山門，上行數百步到古龍橋，又南為擲筆槽，亦稱『洌筆槽』，裂槽從巖頂直到山足，深約七十公尺，寬約十八公尺，兩巖斷裂，下臨深谷，古代以木飛架其間，令人心顫目眩，後依巖鑿成通道，旁置古欄。人稱此處為『龍橋棧道』。又傳為張天師誓鬼處，天師當年在此與鬼分兵為誓，朱筆畫山，筆跡成槽，留為奇觀。

三、祖師殿

出天師洞後門，從龍橋棧道上行至訪寧橋，路分為兩條，左行過橋行一公里，轉山抹角，林木鬱濃中掩映著一座道觀，這就是祖師殿。

祖師殿位於青城山白雲溪畔，軒轅峰下，又名真武宮，也有人稱儲福宮，始建於晉代。

傳說晉代名洞天觀，宋宣和年間更名清都觀（一說清都觀、洞天觀在天國山中）。南朝劉宋大明年間（公元四五七—四六四年），有逸士費元規讀書於此。唐天寶七年（公元七四八年），有道士薛昌煉丹於此，其浴丹井今猶存。宋學者張愈亦隱居於此。傳說有杜光庭墓於此，現不存。清人黃雲鵠題刻的雲松塔尚在。此觀以後荒圮。

現存殿宇建於清同治四年（公元一八六五年），為小巧玲瓏的四合院。八十年代新建住宿樓，一九九二年建成王靈官殿。四合院門上懸『真武宮』三字匾額。正面殿內神座有三，左神座上供奉東嶽大帝神像；正中神座供奉真武大帝神像；右神座供奉有三尊神像，依次為張三豐、呂洞賓、李鐵拐。神像俱為彩塑。

殿內有清鹽亭縣人楊太虛狂草龍蛇體碑與呂祖詩碑，始陽（今天全縣）楊土司題壁。其中狂草龍蛇體碑字體難以辨認，很多遊人以為是天師丹訣符籙，其實這是用狂草體寫的一首詩，讀作：『皈依大道嚴，靜坐掩珠簾。露綴蟠龍筆，風疏鐵馬檐。石泉衣鉢冷，花雨衲袍霑。造化陰陽氣，澄心默會占』。

祖師殿一九八二年被國務院定為全國道教重點宮觀之一。祖師殿南為天倉峰，傳說是神天寶庫『天倉』所在，背面金鞭巖傳為財神趙公明藏鞭處。殿右覓小道攀登可至磴口（天倉山和乾元山之間的夾巖），沿三險小道，下行可到青城後山。磴口北側有緩坡，可登軒皇頂（海拔一千二百四十七公尺），上有山坪，可俯瞰味江風光。

四、上清宮

由訪寧橋道向右上行，過臥雲亭，即朝陽洞。朝陽洞在青城第三峰下，這裏山嶺起伏，洞穴開朗，傳為寧封棲真處。有大小朝陽洞，小洞僅容十餘人，大洞可容百餘人。後依崖作殿。中供寧封、邱長春、吕洞賓；左供天官、地官、水官；右供斗姥。近代畫家徐悲鴻與朝陽洞撰聯：『空洞親迎光照耀；蒼崖時有鳳來儀。』清人黃雲鵠曾在小朝陽洞結茅而居，與弟子講《易》。自撰聯云：『天遥紅日近；地仄絳宮寬。』另有《宿朝陽曉望》詩云：『衣雨空山枕石眠，曉來騁眼盼遥天。平林日射青如黛，大野雲鋪白似綿。妙境靜觀殊有味，良遊重續又何年。生機樂意人間滿，肯羨蓬萊頂上仙！』抗日戰爭時蔣介石曾有別墅在此，今重建為住宿樓。

由朝陽洞上九倒拐石磴直上到壯觀臺，由此俯覽上下，實為壯觀。再前行即到觀日亭，亭側巖壁有摩崖石刻：『天然聖跡』、『天下第五名山』、『青城第一峰』。就到上清宮了。

上清宮位於高臺山之陽。始建於晉，後廢，唐玄宗時重建，五代王衍時再建，明末毀於兵燹。現存殿宇為清同治八年（公元一八六九年）起至民國間，由道士楊松如、龔仰之陸續重建（建築面積四千二百零二平方公尺）。宮門外視野開闊，有居高臨下之勢。

宮門為石砌卷洞，上有門樓，如一座城堡式的城門洞口，傳為馮南軒所修防禦工事。一九九二年蕭明孝道長擴建加寬成今式。大門門額『上清宮』三個大字為蔣中正題。門聯為于右任書：『於今百草承元化，自古名山待聖人。』還有一聯，為馮玉祥書：『上德無為行不言之教，大成若缺天得一以清。』大門前有石階二十餘步及小坪。石階兩旁各有一株古銀杏直聳雲霄，高幾十公尺。銀杏由許多細幹叢生合為巨圍(右側一株係十三棵合成)。

進山門後左右為青龍、白虎殿。再上石階為前殿，殿頂為六角亭，上有『別一洞天』四個貼金大字。樓上前為靈官殿，背後是三官殿，供有靈官和三官神像。後龕三官殿有『花宮絢爍』匾額為清同治戊辰(同治七年，公元一八六八年)立。小開井兩旁有茶社小閣，右閣樓上曾為張大千畫師居室。

再上石階為大殿，人稱老君殿。殿前有楹聯數副，其中一聯文為：『高拱玉清尊無二上，宏開金闕默運三元。』是同治五年(公元一八六六年)春周盛典書。殿內高懸三道匾額，一為同治七年立『廓落光明』；一為同治六年立『經參道德』；正中一道為同治七年戊辰菊月穀旦，牛樹海題書『道絶萬天』。殿內供奉太上老君、張三豐、呂洞賓神像。殿內有光緒乙末(即光緒二十一年，公元一八九五年)秋九月丙午日住持趙明光立《重建上清宮記》碑。殿左還有一九四〇年出土的『宋知宮皇甫先生墓』石碣，上有『紹熙五年(公元一一九四年)十一月十九日立』小字題刻。

老君殿繞迴廊可上玉皇樓。老君殿左是『文武殿』。在文武殿上層是玉皇樓，原名劍仙樓。抗日戰争時期，有山東、河南來的望月村、龍際華等武林高手薈萃於此。文武殿内天花板上繪有墨龍、二十四孝圖及三國故事圖頗佳。殿内祀奉孔子和關羽，神座下有九龍浮雕，甚為精美。殿内還有張大千繪麻姑、王母、三豐祖師、花蕊夫人畫像石刻和黄雲鵠詩碑。文武殿臺下道院為清末建。道院再前部（左院前部）是一九九二年建成的新樓（包括素食堂）。左院與正殿間有麻姑池，傳為麻姑浴丹處，形如半月，深廣數尺，水色碧綠，一年四季，不竭不溢。池旁『麻姑池』三字為張大千所題。

老君殿右是『道德經堂』，原為道士會集之堂。堂正壁有木板刻《道德經》全文。並有木刻聯『陰符三百字，道德五千言』。堂前匾額『道不外求』。堂下左有鴛鴦井。兩井一方一圓，一清一濁，兩井相通有象徵男女之説。井旁刻有張大千手書『鴛鴦井』三個大字。清人高溥《題鴛鴦井》詩云：『盈盈雙井小廊西，錫號鴛鴦費品題。地面相離剛咫尺，泉源岐出異高低。水原清净無瀾起，理有雌雄莫浪迷。寄語棲真諸羽客，盈虚消息即玄機。』

由文武殿前長廊左前行，出院門沿道可至聖燈亭，可夜觀『萬盞明燈朝聖山』。旁有小徑沿巖通至右巖青城最高峰呼應亭。亭聯云：『絶頂望秋波奔騰玉壘超三峽，名山宏道德管領青城第一峰。』由第一峰下至宫右外有輦道，傳為前蜀王衍與太后、太妃來遊時所修，石輦道雖多朽，但仍寬舒整齊。下輦道石階右玉皇坪今為茶圃，茶叢中有巨石柱礎，傳為舊殿遺址。

上清宮前小坪外有跑馬坪，現已為花圃。小坪左下行有『天師池』。《輿地紀勝》云：『昔天師（張陵）居赤石城崖，於此作池以飲鳥獸。』池下側的旗桿石、跑馬坪皆傳為明末張獻忠所部的遺跡。

上清宮於一九八三年經四川省政府批準為道教開放宮觀。

五、圓明宮

上清宮前下約百公尺，過觀音堂路分三岔：南下或步行或乘纜車下至月城湖後回建福宮；北下可到鷹嘴巖、上皇觀、中皇觀、青皇觀、神仙洞、八卦臺，古成都莪天山（趙公山下）；一路古木參天，曲徑幽寂，直東下約二里，便到圓明宮了。

圓明宮位於丈人山北木魚山下，以寶圓山為屏，孤峰挺秀，楠木叢圍，獨特清幽。始建於明代萬曆年間（公元一五七三——一六二〇年）。歷代皆有建修。由『大聖圓明道母天尊』（斗姥）得名。

殿宇建在中軸線上，正對寶圓山。宮門不在中軸線上，而在前殿（靈官殿）左廂房一邊開門。外山門為一大照壁，上書『圓明宮』三個大字，照壁柱上楹聯：『圓通有無長養萬物，明察左右直達九霄。』由照壁『紫氣』門進入宮內後前行為內山門。內山門門額『圓明宮』，門聯為：『栽竹栽松竹隱鳳凰松隱鶴，培山培水山藏虎豹水藏龍。』

入門是靈官殿，建於清同治十二年（公元一八七三年）。神座上供奉道教護法神王靈官塑像，神座為浮雕石座極精美。靈宮殿背後供慈航真人。

正殿斗姥殿在十四級石階上。正中供斗姥坐像於神龕內，兩旁陪祀一壽星、一童兒。神龕上繪有八仙圖。斗姥殿內左供地母，右供金母。斗姥殿後有迴廊，在『別一洞天』匾上面是玉皇樓，供有玉皇大帝塑像。

再上石階是後殿，俗稱三官殿，殿堂寬闊，正中供天官、地官、水官、火官塑像；左奉文昌帝君、鍾離權、呂洞賓；右奉張紫陽、邱長春、孫思邈。神座雕刻龍鳳、如意、寶劍等極精美。

三殿之中均有庭院，栽有高達數公尺的山茶花和杜鵑花，樹下春蘭秋蕙，迎風搖曳。殿兩廂修有住房和小庭院，適合人們在此旅遊、避暑、靜養。

圓明宮一九八五年經成都市政府批準為道教開放宮觀。

六、玉清宮

玉清宮位於丈人峰北坡，古名天真觀，祀天皇真人。現建築為一九三八年在舊址重建，取名玉清宮。

前殿為天尊殿，建在臺基上，前面敞開與廂房形成三合院。可俯視山下平疇，視野開闊。殿內正中供奉元始天尊；左奉救苦天尊；右奉邱長春。殿內左右壁上有『紫氣東來』、『文殊普渡』、『太乙乘蓮』等壁畫四幅。殿內還有石刻寧封像，為清咸豐十一年（公元一八六一年）刻，原在丈人觀内後移於此。三豐祖師像，由張凌雲繪，甲申歲（可能為公元一八八四年）刻。蓮蕊石碑，戊寅年（可能為一八七八年）秋，由趙鵜山題。

由迴廊經中庭至後殿，也是玉清宮的大殿，名純陽殿。殿内正中供奉呂洞賓；右祀寧封；左奉孫思邈。傳説孫思邈晚年曾居青城山，並在玉清宮完成著名的《千金方》。殿内有一石碑，碑面刻有麻姑像，右下有題字：『哈哈，這個仙姑本不差。手内提起一朵花，修真養性玄妙大，果算崑崙一道家。』

宮後有『天然泉』，傳為天皇真人飲水處。

玉清宮在一九八五年經成都市政府批準為道教開放宮觀。

（二）都江堰二王廟

在舉世聞名的都江堰側，有一座古老的道觀，這就是二王廟。

二王廟，位於都江堰市城西門外二華里，前臨岷江的都江堰魚嘴、安瀾索橋，後倚翠緑峻拔的玉壘山。原為紀念蜀王杜宇的『望帝祠』。南朝齊建武元年（公元四九四年），益州刺史劉季連在郫縣另建『望叢祠』（祭祀望帝杜宇和叢帝開明），將望帝祠改為『崇德廟』，專祀都江堰創始者李冰。唐時重修。五代後蜀封李冰為『大安王』、『應聖靈感王』。宋改封為『廣濟王』，擴大廟基建修，增塑李二郎像，政和七年（公元一一一七年）廟遭火災，旋又修建。元封李冰為『聖德廣裕英惠王』，二郎為『英烈昭惠靈仁裕王』。明嘉靖十二年（公元一五三三年）曾撥款重建。清雍正五年（公元一七二七年）敕封李冰為『敷澤興濟通祐王』，二郎為『承績廣惠顯英王』，廟遂正式名為『二王廟』。

雍正九年（公元一七三一年）本廟道士趙一柄等募集五千餘金，對正殿、後殿、祈子宮、戲樓牌坊和兩廊神像進行重建，歷時九載。為此，乾隆三年（公元一七三八年），二王廟住持王來通鑄大鐘一口以示紀念。民國十四年（公元一九二五年）農曆二月十九日夜，該廟又遭火災，燒毀大殿、後殿、祖堂、戲樓等附屬建築百餘間，神像二十尊，僅存後山老君殿、魁星閣和前山靈官殿等建築。同年，住持李雲巖道長募集資金，並出賣廟產水田三百六十畝，重建各殿，歷時十年，方告竣工，形成現在的規模與布局。今廟內大殿前戲樓面江的一面正中『二王廟』匾額，為馮玉祥將軍於民國二十四年（公元一九三五年）題寫。

二王廟佔地面積一萬零二百平方公尺，建築面積六千零五十平方公尺，建築規模宏大，佈局嚴謹，由『神、膳、舍、園』四部分組成，分佈在坡陡地窄的山窩裏，負山面水，峰巒簇擁，古木參天，極為幽静。整個建築不受中軸線的束縛，而在縱横方向上依山取勢，高低錯落，上下高差達五十餘公尺。層層樓臺，起落有序，巍峨的殿宇，飛檐翹角，雕梁畫棟，掩映在參天的綠樹之中，主次分明。從民國二十七年（公元一九三八年）《都江堰水利述要》所載圖版來看，由「樂樓」（正山門）起，二王廟有三重主殿，十六重配殿。

舊時主殿有：「二王大殿」，供奉三眼二郎（一說二郎神楊戩，又說是李二郎，還有說趙二郎），附祀木製楊二郎像一尊，手執三叉兩刃戟，旁有哮天犬。左右陪祀兩尊站立武將神像；「老王殿」，供奉李冰夫婦神像；「老君殿」，正中供奉太上老君，左祀南極仙翁，右奉玄中大法師。配殿：「青龍殿」、「白虎殿」，供奉青龍、白虎神；「三官殿」供奉「天、地、水」三官大帝；「靈官殿」為兩層，上層供奉道教護法王靈官，下層祀太白金星；「城隍殿」、「土地殿」，裏面供奉的神祇很有趣，據說是「南京城隍」、「北京土地」；「玉皇殿」在二王大殿樓上，供奉玉皇大帝及邱長春真人；「娘娘殿」供奉靈霄、碧霄、紫霄等三位，稱「三霄娘娘」，兩旁配祀兩尊站立之神像；「祈子宮」，祀梅山七聖；「丁公祠」祀清光緒初四川總督丁寶禎；「飛烏樓」，又稱「聖母殿」，供奉太上老君之母，左右配供金童、玉女；「日」、「月」殿，祀日、月之神；「魁星閣」，供奉魁星；「龍神殿」又稱「鐵龍殿」，中供奉五顯真人，左祀文昌帝君，右奉關羽，殿下有鐵龍吐水於聖水池。

建築中，最有特色的是「樂樓」，建於清乾隆八年（公元一七四三年），橫跨於進廟入口石梯通道之上，至今保存完整。樓分三重，中樓層頂為歇山式，飛檐前伸長達二十公尺。樓底中為通道，左右單層為「青龍」、「白虎」殿。裝飾在屋面上下有各種精美雕塑圖案，如山水花鳥、靈禽異獸、儒士羽流、福禄壽喜等等。在樓後横楣上，還繪有《楊二郎率梅山七聖助李冰擒獸圖》，極為精美。樂樓建築雖僅佔地四十九平方公尺，但設計精美，技藝高超，氣魄宏偉，為不可多得的古式建築。

廟内還將李冰及其後人的治水經驗整理出要訣，嵌刻於石壁之上。如嵌於三官殿左側壁間的『深淘灘，低作堰』六字訣；嵌於三官殿壁間兩玉版上的『遇灣截角，逢正抽心』八字格言；嵌於靈官殿壁間的八字經『因勢利導，因時制宜』；還有總結治水經驗的《三字經》石刻等等。

一九四九年後二王廟得到了較好的保護，國務院將其列入全國重點文物保護單位。但在『文化大革命』中曾受到破壞。現住有道士管理部分殿堂，還陸續新塑了神像。

（三）成都青羊宮

青羊宮位於成都市西南角一環路西二段，是成都市現在最大的道教宮觀。始建年代不詳，唐時名『玄中觀』，唐僖宗中和三年（公元八八三年）下詔改玄中觀為青羊宮，並賜内外庫錢二百萬，大修殿堂。五代時，改稱青羊觀，宋代時復稱青羊宮，明代稱青羊萬壽宮，清代仍復稱青羊宮沿至今日。明末，青羊宮毀於兵火，清康熙六年重建，同治、光緒年間又進行過大的培修，共耗白銀三萬餘兩，各善士的捐贈尚未計內。當時佔地約六十七畝多。民國時又擴建部分房屋。一九四九年後，又多次修葺。一九五五年三月青羊宮與隔壁二仙庵合併，改名『文化公園』，一九六六年『文化大革命』開始，殿堂、亭閣均作它用，神像毀壞。一九七八年以後，落實宗教政策，一九八一年，青羊宮與文化公園正式築牆劃界，對外開放。在一九八二年，被國務院定為全國道教重點宮觀之一。

傳說青羊宮是太上老君與尹喜相會處。老子為關令尹喜著《道德經》後，臨別曰：『子行道千日後，於成都青羊肆尋吾。』三年後，尹喜如約前來，果見於大官李氏家。老子顯現法相，集衆仙册號尹喜為文始先生，證位為無上真人。

以後，青羊宮便成了神仙聚會、老君傳道的地方。在傳說中，尹喜在大官李氏家見到的老子，仍是一童兒模樣的老君。據此，青羊宮在傳說中又成為老君在蜀的降生地。過去八卦亭中的李老君塑像，亦為一騎青牛鬢髮俱白的童兒塑像。

唐僖宗中和元年(公元八八一年)，黄巢起兵佔領了長安，唐僖宗避亂來到成都。中和三年(公元八八三年，一說是中和二年，即公元八八二年)八月，唐宗室李特立與道人李無為於成都青羊肆玄中觀混元降生舊地設醮祈真，忽見紅光入殿西梅樹下，掘之得磚一塊，上刻古篆『太上平中和災』六字。僖宗為此大肆宣揚了一番，他在詔文中說：中和之災欲平，厚地之禎符乃現，足表玄穹降祐，聖祖垂祥，將殲大盜之兵戈，永耀中興之事業。賜內外庫錢二百萬，大修殿堂，改玄中觀為青羊宮。宮觀落成之後，氣象極盛。

唐樂朋龜在《西川青羊宮碑記》中說：『岡阜崔嵬，樓臺顯敞，齊東溟圓嶠之殿，抗西極化人之宮，牽劍閣之靈威，盡歸行在，簇峨眉之秀氣，半入都城，煙黏碧壇，風行清磬。』從此，青羊宮便成為唐末以來四川最大的宮觀了。

五代至宋，青羊宮成為遊覽勝地。明蜀王朱椿重建青羊宮，營造亦甚美。何宇度在《益部談資》中謂其規模不減兩京。明末清初時，青羊宮大部殿宇毀於兵火。當時只留下鐵鑄花二株，燭臺二座，為明正德（公元一五〇六——一五二一年）時物。清康熙六年（公元一六六七年）四川巡撫張德地重修青羊宮，並同地方官員一起，查明宮中財產，清出土地招佃，一年可收租二百石。建修前後歷十七年，至乙丑年（即康熙二十四年，公元一六八五年）建成。張德地又請張清夜來住持青羊宮，清夜力辭不就，後又多次懇請，清夜薦其徒汪一萃任之。汪遂於康熙二十四年（公元一六八五年）二月十五日太上聖誕之辰，創懸鐘板，接待十方，一時道衆雲集，清規復振，儼然成一大叢林。到乾隆時，青羊宮大興。華陽知縣安洪德於乾隆六年（公元一七四一年）重修。其後道士秦復明於嘉慶十三年（公元一八〇八年），道士陳教忠於同治十二年（公元一八七三年）均重事增建。其後光緒及民國年間，也進行過修建。一九四九年後又多次修葺。清末及民國間，以及一九四九年後，青羊宮與二仙庵曾於初春舉辦過多次『花會』，一時商賈雲集，成為民衆的一大去處。前人在《竹枝詞》中曾咏道：『青羊宮接二仙庵，花滿芳塍水滿潭。一路紙鳶飛不斷，年年賽會在城南。』『吾川此日靖烽煙，恰好風光二月天。結伴尋春無事事，青羊花市一盤旋。』

青羊宮主要建築有大山門、靈祖樓、混元殿、八卦亭、三清殿、斗姥殿、皇樓殿、唐王殿(紫金臺)，及降生臺、說法臺等。

原大山門建於明代，佔地六百平方公尺，門外有七星樁，又稱北斗七星樁，上刻有道教祕傳天書雲篆，為祀中天北斗之柱。還有龍鳳樁及大石獅一對，龍王井一口。山門為五開間建築，檐下為斗拱結構。山門兩側為八字牆，長二十公尺，高四公尺。牆頂蓋琉璃瓦，邊上為荷花裝飾，花朵直徑約零點二公尺，白瓣紅心。門內左側塑有土地神、青龍神(傳說為單雄信)各一尊。還有明正德十二年(公元一五一七年)冬立的皇恩九龍碑一座。右側塑白虎神(傳說為薛仁貴)。以上建築因建設及擴一環路需要而拆除。

現新建山門莊嚴宏偉，緊靠靈祖樓。重檐歇山式建築。重疊飛檐，龍、虎等吉祥動物雕嵌在飛檐壁柱上，雕工細緻典雅。脊頂裝飾有兩龍戲珠雕塑，生動活脫。山門上方正中高懸『青羊宮』三大金字匾額。此匾額為清乾隆二十四年(公元一七五九年)華陽縣令安洪德的墨跡。門外又重雕了一對大石獅。門內左右壁上，按單雄信和薛仁貴的模樣，繪了青龍、白虎神。

靈祖樓重建於清光緒年間，面積三百四十一平方公尺。殿面闊五開間，單檐硬山式建築。殿宇為樓底式結構，殿寬二十四點九公尺，深一十三點七公尺，高約二十公尺。前後撐弓及挑方上雕刻有各種圖案。原樓上塑靈祖。樓下左面塑有關聖帝君與關平，左二塑神農像；右一塑文昌帝君像，右二塑軒轅黃帝像。現經重新修葺，與山門合為一體。樓下供奉道教護法『先天王靈祖師』神像，又稱『豁落火車王靈官』，亦稱為『玉樞火府天將』。殿背後影壁繪一太極圖，兩旁有聯為：『道生一，一生二，二生三，三生萬物；人法地，地法天，天法道，道法自然。』

混元殿重建於清光緒年間，面積五百五十三平方公尺。殿面寬五開間，單檐硬山式建築。寬二十七點六公尺，深二十點零二公尺。有二十六根石柱，兩根木柱，高約二十二公尺。撐弓上雕刻有鹿、鳳凰望月、雙獅戲珠等圖案，殿門懸《玉帝寶誥》金字匾額，全文一百五十七字，為民國甲戌年(即公元一九三四年)立。殿內正中供奉混元祖師神像。背後供奉慈航真人。原殿左右供有文武財神像(像坐北向南)，現已不存。殿內左右現為書籍、旅遊紀念品服務部。

八卦亭建於清同治十二年至光緒八年(公元一八七三—一八八二年)。整體建築共分三層，建於石臺基上，石臺基下層為正方形，中層為八角形，上層為圓形。象徵『天圓、地方、陰陽相生、八卦相合成萬化』的道教哲理。亭高二十公尺，寬十四點一公尺，兩重八角飛簷，四周沒有牆壁，衹有龜紋隔門和雲花鏤窗，向南正門地下脚為月形石門坎，石基上有太極圖、十二屬相和八卦的石刻浮雕。東西兩側又各有一門，門皆用雙扇扉。

整座亭都是木石結構，相互木榫銜接，不加一栓，不用一楔，而是用枋、棁、拎、桷等手法鑿成穿孔，斜穿直套，縱横交錯，絲絲入扣。亭四周圍以石板欄桿。亭頂兩層均為八角形，每層飛簷都精雕着獅、象、虎、豹各種獸吻，鑲嵌在雄峙的翹角上。黄綠紫三色琉璃瓦覆蓋於屋面上，有八根琉璃空鏤釉瓷花方磚鑲砌的亭脊，流線型向下延伸，亭脊尾端上，各盤繞着一條琉璃金龍。

亭頂琉璃桃，葫蘆狀三層寶頂獨具風格，高約三點六公尺，據說當年為一善士所捐。亭由十六根巨石鑿成雙排擎檐石柱，高約四點八公尺，直徑約零點五公尺。内柱八根為八位善士所捐。外柱為立在外檐八角角端之上的八根盤龍柱，是八卦亭的藝術精華所在。騰雲駕霧，栩栩如生的浮雕鏤空的八條金龍，盤繞柱上，氣勢磅礴，色彩分明，是我國罕見的石雕藝術精品。傳說在八卦亭重建完工之際，向北對着三清殿的右首石柱上的盤龍復活，企圖離柱昇天而去，恰遇道長夜觀星象發現，便一神拳將它釘死在石柱上。從此，這條龍身上留下了一個拳頭的印跡，至今清晰可見。每次培修，工匠們都原樣保留了這個『拳印』，使八卦亭龍柱更增添了傳奇色彩。

在八卦亭外檐東、西、南三方的龍柱上有着紅底金字的三幅楹聯。南面聯文為：『西出函關佛子拜，東來魯國聖人參。』西面聯文為：『無極而太極，不神以為神。』東面聯文為：『星躔井絡垂靈曜，卦位坤維萃列仙。』八卦亭內塑太上老君騎牛神像。神像兩旁有一對聯，聯文為：『問青牛何人騎去，有黃鶴自天飛來。』傳說以前八卦亭內塑的老君為一童兒騎青牛模樣。八卦亭佈局緊湊，精巧大方，整座亭共雕塑八十一條龍，象徵老君八十一化。

三清殿，又名無極殿，是青羊宮的主殿，始建於唐朝，重建於清康熙八年（公元一六六九年）。殿面闊五開間，單檐硬山式建築。寬三十七點四公尺，進深三十一點一公尺，面積一千一百六十三點一四平方公尺。殿前有石板欄桿圍起的臺階，向南的臺階石基上有太極圖和十二生肖石刻浮雕。臺階的南、西、東三面有石階可上。整座殿有三十六根大柱，代表三十六天罡；其中有八根木柱，代表八大金剛；二十八根石柱，代表二十八宿。前後撐弓上雕刻有六合童兒、雙獅戲球及花草圖案。

殿前門額上高懸『三清殿』三個大金字匾額，左右還懸有『紫氣東來』、『靈霄香藹』匾額。殿前抱柱上有一幅貼金楹聯，為中國道教協會會長黎遇航所書，聯文是『福地卧青牛石室煙霞萬古，洞天翔白鶴蓬壺歲月千秋』。殿前左陳一大鐘，據說名『幽冥鐘』，明代鑄造，重約三千多公斤。右配一應鼓。殿門前後各有三間，下有八公尺長，厚零點二公尺，寬零點四公尺的石門坎。門扇上為雕花窗，下為木裙板，每間格扇門四道。殿門兩側有劉咸滎撰楹聯一幅，此聯後經洪志存補書，聯文是：『道德經括人天治亂之大源溯羣仙統馭萬類生成歸於太極，柱下史與乾坤悠久而為祖合佛教慈悲孔門忠恕樹厥先聲。』門邊還有一聯，文為：『日月兩輪天地眼，道德真經聖賢心。』

殿內正中供奉貼金泥塑三清尊神坐像。神像前的供桌前沿，雕有精美的八仙渡海圖浮雕。原三清像兩邊還塑有四御，左右塑有十二金仙，惜塑像現已不存。殿內左右壁上現繪有十二金仙彩色畫像。左壁上是赤精真人、廣成真人、懼留孫真人、道行真人、燃燈真人、青霞真人；右壁上是玉鼎真人、太乙真人、黃龍真人、普賢真人、慈航真人、文殊真人。

殿內還有兩通畫像碑，一為《呂祖碑》，碑上刻有唐吳道子繪呂祖像。另一為《三豐碑》，碑正面刻張三豐像。碑後刻三豐祖師傳。以上二碑原在二仙庵內，現移立於此。殿中還有一對銅羊分置於兩旁。銅羊長九十公分，高六十公分，其造型獨特，工藝神巧，色如赤金，閃閃發光。其中一隻是獨角(右邊)，這隻銅羊造型奇特，製作精巧，形象生動，為十二屬相化身，即鼠耳、牛鼻、虎爪、兔背、龍角、蛇尾、馬嘴、羊鬚、猴頸、鷄眼、狗腹、猪臀。胸前原有隸書陰刻『藏梅閣珍玩』五字，在座下銘文是『雍正元年(公元一七二三年)九月十五日自京移於成都青羊宮，以補老子遺跡』。座上還有落款為『信陽子題』的四句七言詩：『京師市上得銅羊，移住成都古道場；出關尹喜如相識，尋到華陽樂未央。』

據《成都縣誌》記載：銅羊，在青羊宮內，高二尺餘，長三尺。舊有銅羊，明末亂中失去。雍正元年，遂寧張文端公鵬翮於京師肆中，見有青銅獸類似青羊宮舊物，因市歸，仍置青羊宮內以補其跡，上有隸書『藏梅閣珍玩』五字。相傳它是南宋賈似道『半閒堂』家藏的熏香爐，也有人說是明代官宦人家的熏衣器。但它自從被送進青羊宮後，就被供奉為『神物』，而被稱作『神羊』。

右邊另一隻銅羊是雙角的。此羊是由成都張柯氏特請雲南匠師陳文炳、顧體仁於道光九年（公元一八二九年）時鑄造的，以配獨角銅羊。

原來獨角羊和雙角羊都置放在三清殿外。據說，你身上有了病，衹要撫摸銅羊相應的地方，如頭痛摸頭，肚痛摸腹，病痛便即刻消除，撫摸的人們越來越多，將銅羊摸得光亮亮如同赤金，在陽光的照耀下，熠熠閃光，甚為奇異。

前人在《竹枝詞》咏道：『撫罷銅羊祝病消，三清古殿把香燒。休言男女多迷信，習俗相沿已數朝。』『周身摸得亮光光，任你摩挲不喊黃。未識張公稱百忍，可能忍氣像銅羊。』『聞說銅羊獨出奇，摸能治病祛巫醫。求男更有新方法，熱手摸他冷肚皮。』

在『文化大革命』中，這兩頭銅羊被作為『四舊』送到了廢品站，準備銷毀。幸遇一有心人將其揀出，藏了下來。『撥亂反正』後，送還青羊宮，使其重見天日。現這兩頭銅羊陳置三清殿左右兩側，並用欄桿將其保護起來。

原殿後面正座南向北塑有大乙救苦天尊神像，左側塑鍾離權神像，右側塑呂洞賓神像，再左側塑有開山真人汪一萃像。以上塑像現已無存，後壁現繪有大乙救苦天尊、鐘離權、呂洞賓的彩色畫像。

斗姥殿建於明代。為懸山式樓底建築。青羊宮內的建築，只此還有點明代風味。殿為全木結構，近年經過修葺。殿前有石板欄桿圍起的臺階，南、西、東有石階可上。殿門懸『斗姥殿』匾額，門旁有『玄通妙應傳三寶，星斗揚輝映九天。』殿內正中供奉斗姥神像。左邊祀奉后土皇地祇神像；右邊供奉西王母神像。殿內東、西兩側還塑有北斗七星、南極星君及南斗六星神像。西側塑貪狼、巨門、祿存、文曲、廉貞、武曲、破軍北斗七星；東側塑南極長生星君及魑、魌、魁、魅、魗、䰶南斗六星。殿後現為坤道院。坤道院背後有一『壽』字照壁。

原皇樓殿建在斗姥宮後，唐王殿前。為清道光年間建造。殿闊五開間，雙層有樓。樓上玉皇樓塑玉皇大帝像，另有王靈官、趙公明、殷文仲、馬武四臣塑像。樓下塑有真武祖師像。此殿為危險建築，早已拆毀。

後苑有三臺建立在土坡之上。中間一臺是唐王殿，又名紫金臺。三開間，兩層有樓，建於清康熙年間，從臺下有石階而上。兩側有風火牆。原樓下塑唐王（李淵）夫婦像，樓上塑老子騎青牛像。現塑像已無。殿上現正中繪李淵夫婦及李世民彩色畫像。左壁彩繪兩文臣，右壁彩繪兩武將（疑為徐茂公、魏徵及秦叔寶、尉遲敬德）。

左側降生臺建於清康熙年間。臺上殿內新塑太上無極聖母像（即李老君之母）和李老君降生像。門外對聯為『妙道凝玄降世神龍雙斂化，羅浮夢畫出關彩鳳太極生。』

右側説法臺亦建於康熙年間。殿内新塑李老君説法神像。

青羊宮内過去還建有三真殿、三官殿、三法殿、七真殿、問禮堂、功德祠、齋堂、小西天、柴房、大厨房、祖堂、客堂、倉房、雲水堂、退院寮、茅庵、檢房等。很多現已不存。

現青羊宮中軸線右側有一排房屋，它們是道士住房、大厨房、祖堂、客堂、茶園及新建的道教餐飲招待所。

三清殿左側有一四合院，裏面珍藏有《道藏輯要》經版。此經版以梨木為材料，兩面雕刻，共雕刻一萬四千多版，以二十八宿為次序，印刷成書便為二百四十五本。『文化大革命』中，經版小部分損失，一九八四年後陸續重新整理補缺。現已設置《道藏輯要》印刷出版部，重新印刷發行。四川省道教協會和成都市道教協會，也在這個院内辦公。

（四）重慶老君洞道觀

老君洞位於重慶市南岸龍門浩和黄桷埡之間的老君山上，背靠塗山湖，北鄰真武山。係重慶市現存最大的道觀，佔園林山地二百七十畝，縱横兩華里。該處松柏陰翳，青翠常緑，山勢崎形雄偉，居高臨下，可俯視山城重慶美景。

老君洞原為古塗洞。初建於唐，明成化十六年（公元一四八〇年）重修。萬曆九年（公元一五八一年）擴建。命名『太極宮』，後又名『老君洞』。於清道光、咸豐、同治年間，不斷培修。光緒三十四年（公元一九〇八年）經擴建。一九四九年後又多次修葺。

老君洞殿宇建築，神像塑造，完全是根據石巖的自然條件，依山造殿，鑿壁成像。九重殿宇，按『玄』字形盤旋而上，頂上的八角亭，就是玄字的寶頂點。山門外有一棵高大的銀杏樹，樹圍要兩人合抱。山門石碑坊樓正中額龕托出太極圖和『太極宮』三字。兩旁門柱刻有楹聯，為錢塘許乃釗所題，聯文是：『柱下遺經三清道妙，渝濱勝跡萬古江流。』橫額書『上清仙界』四字。左右並有扇形匾額，分刻『紫府』、『丹臺』。

原進山門後，即是護法殿，供奉靈官。背靠為文武殿，奉祀文聖孔子和武聖關羽。文武殿兩旁抱柱上刻有『德行先五倫孝友儒宗千載文星光日月，君臣無二義乾坤正氣萬年節烈凜春秋』對聯一幅。中為一空壩，兩旁各有廂廊一列。此廊是一樓一底建築，左廂底層塑有南極仙翁騎一白鶴，匾額書『雲中白鶴』；右廂底層塑有老君騎一青牛，匾額書『函谷青牛』。兩廂側各有臺階上正殿，即三清殿。殿前立有九龍浮雕石碑一通，鏤刻精細，技藝精湛。殿門石柱有兩幅楹聯，其一聯文為『先天後天本無道外之道，無極太極妙有玄中之玄。』另一聯文為『道非常道是乃大道參天地，德其所德爰有上德貫古今。』

殿內神龕上層供奉三清塑像，下層奉祀太上老君。殿內石柱還刻有『向函谷而來百二里河山至今猶留紫氣，典守藏之史五千言道德在昔曾闡元經』對聯一幅。殿之兩側為戲樓、客堂、祖堂等。殿左壁刊有清咸豐十年（公元一八六〇年）由住持張復林、李復昆立的木刻家規，現保持完整無缺。殿右側有水井一口，名玉泉井，其水甘冽清澈，一九四九年前，重慶久負盛名的允豐正酒號和桐君閣藥廠曾用此水釀酒製藥。

沿三清殿右側上山約八十步至三豐殿。三豐殿樓上是斗姥閣，民國年間，王陵基為其母在斗姥閣上加修了一個念經樓，並題贈『天外一人』匾額懸掛樓檐。三豐殿兩側楹聯文為『方丈室中探寶窟，峨眉頂上見月光。』殿後石壁石刻甚多，右側石刻草書題『猶龍』兩個大字，下刻同治八年（公元一八六九年）江陵拔貢閔文釗題書《塗山謁老君洞》詩，詩云：『崆峒傳教後，柱下訪遺文。夏甸躋神禹，春官問老君。山川歸奠定，道德啟絪縕。典禮徵藏史，尊周洽帝國。』石壁上還有整塊多幅石刻浮雕，計有『漁』、『樵』、『耕』、『讀』和『文王訪賢』、『伯牙撫琴』、『觀音救八難』等，莫不鏤刻細膩，栩栩如生。由此左上石巖，還刻有真武祖師修道事跡圖三幅，有『鐵杵磨針』、『祖師傳道』、『靈祖護道』等，均甚可觀。

由三豐殿、斗姥閣沿山道石級盤旋而上，依次為真武殿、呂祖殿，黃鶴閣、慈航殿到猴兒洞登上頂峰。右邊從古塗洞經七真殿，過南天門坡道上至凌霄殿（人稱玉皇殿）到頂。除三豐殿外，各殿均是石柱。所塑神像，除文武殿係泥塑外，其餘均為石雕。

三豐殿以上各殿殿後，都鑿有石洞，洞外石壁還有歷代題刻。在南天門一帶石巖壁上，有道光五年（公元一八二五年）刻『有仙則名』。同治四年（公元一八六二年）住持張福林刊立『塗山古洞』。同治四年（公元一八六五年）瀘州周祚章題刻『紫氣東來』。同治七年（公元一八六八年）刻『塗洞參天』。光緒四年（公元一八七八年）貢覺仲尼刊立『唵嘛呢叭咪吽』六字真言。光緒八年（公元一八八二年）陳永詔題刻『福地洞天』。光緒二十五年（公元一八九九年）刊刻『神仙洞府』以及雲錦張晴皋題刻『笑傲煙霞』和『玄天一竅』。還有光緒二十三年（公元一八九七年）署名賴鶴年書刻的碑文一通，惜多被風雨侵蝕，已模糊不清。

在太湖石刻神像旁，刻有詩偈云：『洞中清静好修行，看看不遠功果成。你若就此下山去，走盡天涯枉費心。』贈劍石刻神像旁也有詩偈云：『深山絶頂静無人，忽遇老叟談名經。賜我龍泉助道法，功成不忘贈劍恩。』在青牛巖上刻有浮雕青牛，四蹄騰空，形象生動。

沿慈航殿巖壁右側斜上至猴兒洞，進洞後初是一片漆黑，摩壁前進後漸露微光，轉彎後乃豁然開朗。洞之兩側有『尊經遺道德，此處即蓬萊。』『洞裏乾坤大，壺中日月長。』兩幅楹聯。此洞下方有『燃燈古佛』等石洞及題刻。其中有署名符陽劉莘園於民國十四年（公元一九二五年）題記的『國民！國民！汝忘英敵之慘殺同胞乎！……』石刻一方。而老君洞的洞口却在峭巖中間，上下俱隔數丈，葛蘿塞徑，松針蔽途，只可望而不可登。洞上嵌刻一牛頭，並有『日月星辰』四字題刻，依稀可見。

老君洞一九五三年曾列為南岸區重點文物保護單位，進行過維修，並修復了沿山圍牆。但在一九五八年大躍進及『文化大革命』中，損壞甚大，古樹砍伐，房層倒毀，神像亦蕩然無存，殿宇僅存正殿、三豐殿及斗姥閣。石刻浮雕和部分題刻尚存。一九八八年十月，四川省和重慶市政府決定將老君洞作為道教宮觀開放。在各級政府的關懷扶持下，對尚存的建築和文物古跡進行了搶救修復。

近年來，道觀修復已初具規模，神像也逐步在塑造中。下一步將重修重建殿宇及文物古跡數十處，老君洞正在逐步恢復其原有風貌。

（五）大邑鶴鳴山道觀

道教發源於蜀，據有關史料，其最早發源地是鶴鳴山。

鶴鳴山，位於四川省成都市大邑縣鶴鳴山三豐村境內，北距大邑縣城十三公里，東距都江堰市青城山三十公里。明代蔡長通撰《鶴鳴山迎仙閣記》云：西蜀名山，甲於天下，而青城為十大洞天之一，其周圍幾十里，地脈衍迤，分支為鶴鳴山，乃漢天師張道陵修煉之所。傳說張天師來此學道，著有道書二十篇，創立了早期道教。

鶴鳴山東西北三面環山，南向成都平原。蒼松滿佈，翠柏森森，雙澗環抱，山如玄鶴，形勢奇絕，景色優美。明代道士張三豐曾隱居此山，所留勝跡較多。

鶴鳴山的道教宮觀，相傳始建於漢晉之際，宋代曾經重建，元、明、清三代又相繼增修，直到本世紀五十年代末，殿宇尚存。入山處左有單孔石砌拱橋，名叫迎仙橋。在橋上可見屹立於江中的方形巨石，人稱此景為『鶴銜丹書』。右側有鐵索長橋，名送仙橋。兩岸綠樹夾溪，極為幽深。過迎仙橋，山麓有三官廟。旁有一亭，名解元亭。

過送仙橋前行，道旁立一巨碑，上刻『第一山』三個大字，為宋代書法家公尺芾手筆。再前行，到文昌宮。它建於清乾隆年間，旁有待鶴軒，聽鶴亭及花園。出文昌宮右轅門，沿宮牆拾級而上，到太清宮，即古鶴鳴觀，為明代重建的道觀，鄉人咸呼為老君殿。

老君殿後數百步為迎仙閣，一名延祥觀。是明時龍虎山道士吳伯理奉旨迎接張三豐回朝時創建，三豐於明初由寶鷄金臺觀，經成都青羊宮來鶴鳴山。永樂時，成祖多次遣使來迎請回朝，三豐不欲仕宦，皆避而不見。三豐居迎仙閣，後羽化，葬於閣後。閣中題刻詩碑數通，多為明代留墨。

明尚書胡濙亦奉旨來訪不遇，題《訪張三豐》詩云：『交情久矣念離羣，獨向山中禮白雲。龍送雨來留客住，鹿銜花至與僧分。疏星出竹昏時見，流水明渠靜夜聞。却憶故人如此隱，題詩誰似鮑參軍。』閣後山巖，有一古柏，高三十一公尺，樹圍一點五一公尺，枝繁葉茂，傳為三豐祖師手植。

閣前數十步，有一戒鬼壇，為八方大亭，亭中央壘土成八卦形土臺，人亦因此而呼壇為八卦臺。相傳為天師張道陵作法處，也有人說是三豐祖師觀易處。亭側有明永樂帝迎三豐真人聖旨碑等數通。

『文化大革命』期間，鶴鳴山的宮觀建築和道教文物古跡遭到了嚴重的破壞。一九七八年以後，重申了宗教政策。鶴鳴山於一九八五年經成都市政府批准列為市級重點文物保護單位，一九八七年五月經大邑縣政府批准為道教開放活動點。現住廟道士已重建了迎仙閣、慈航殿，並新塑了神像。正籌集資金。組織力量，計劃逐步修復玉皇樓、三清殿、上清宮、文昌宮、三官廟、山門以及與整個建築相配套的亭、臺、樓、閣等原有的道教建築。

五、揮弦中原走鹿車

（一）山西芮城永樂宮

永樂宮現位於山西省芮城縣北三公里龍泉村東。原址位於永清縣永樂鎮，南臨黃河，依山傍水，為道教全真道三大祖庭之一。原是全真道北五祖之一、民間傳說中唐代『八仙』中呂洞賓的出生地。鄉人將其闢為呂公祠。金末，隨着呂洞賓神話故事的流傳，奉祀者逐漸增多，又將祠堂擴充為道觀。蒙古太宗三年（即南宋紹定四年，公元一二三一年）毀於火，其時全真道首領邱處機等人，深受朝廷寵信，祖師呂洞賓也倍受尊崇。第二年敕令陞觀為宮，賜名『大純陽萬壽宮』，因建在永樂鎮，俗稱永樂宮。並派河東南北兩路道教提點潘德冲主持擴重建，自元定宗二年(即南宋淳祐七年，公元一二四七年）開始動工，中統三年(即南宋景定三年，公元一二六二年）三清宮等主要建築落成，至元三十一年(公元一二九四年）龍虎殿亦最後建成。隨着殿堂的落成，彩畫工程亦陸續開始進行，泰定二年(公元一三二五年)，洛陽馬君祥等人繪完三清殿壁畫，至正十八年(公元一三五八年），朱好古門人張遵禮等人所繪純陽殿壁畫竣工。整個施工期長達一百一十多年。明清兩代，曾對永樂宮作小規模維修和補繪，但原建築風格和壁畫内容未變。

一九五九年因修建三門峽水庫，永樂宮地處淹没區，為了保護這一珍貴文化藝術遺産。進行了規模浩大的遷建工程，將全部建築按原樣遷移到今址。其中九百六十平方公尺藝術價值很高的壁畫經分塊揭取，又按原樣修復安裝在原建築殿堂之中，歷時七年，始告完成。古建築文物工作者為此作出了重大貢獻。

永樂宮有五座主要建築，它包括山門、龍虎殿、三清殿、純陽殿及重陽殿，除山門為清代建築外，其餘皆為元代建築。殿堂依次排列在中軸線上。山門門額上懸有『永樂宮』三個赤金大字，門外有一對大石獅。

龍虎殿又稱『無極門』，清代以前，為永樂宮山門。殿基高峙，成凹門形，殿面闊五開間，六架椽，中柱上三間安門，梢間築隔斷，檐頭用斗拱挑承，梁架全部露明。門額懸『無級門』直匾一，為正奉大夫參知政事樞密副使商挺所書。門墩雕石獅六頭，其姿態生動，雕工精細。殿內後部及兩梢間繪有壁畫，上繪神荼、鬱壘、神將、神吏、城隍、土地等二十六位神像，神像手持戈矛等武器，橫眉怒目，威風凜然，鎧甲莊重，衣帶飄揚，雖略有殘損，但仍存原作氣魄。

三清殿又名『無極殿』，為永樂宮的主殿，是宮內最大的一座殿宇。殿面闊七開間，進深四間，單檐廡殿式建築，建在高大平坦的臺基上，雄偉壯麗。殿前月臺寬敞，前檐裝隔扇，四壁無窗。殿頂以黃綠藍三彩琉璃浮雕相連，組成五條屋脊。正脊大鴟吻由巨龍盤繞而成，上施孔雀藍釉色，製作精細，光彩奪目。殿內藻井，設計精巧，鏤刻細緻，人物、花卉、龍、鳳等千姿百態，五彩繽紛，令人目眩。殿內供奉三清神像，四壁滿繪壁畫，畫面高四點二六公尺，全長九十四點六八公尺，除拱眼壁畫外，共有四百零三點三平方公尺。共畫天地諸神近三百尊，像高均在兩公尺以上，作行進環圍行列，向殿中心扇面牆前的『三清』像作拱圍之勢。

三清殿壁畫內容主要是衆神朝拜元始天真，一般稱之為《諸神朝元圖》。在諸神排列上，按元代禮儀制度，以『右』為上位排列。壁畫中有八位神像，其中六位著冕服的男神；二位著冠服的女神，像高三公尺以上。他們是：中宮紫微北極大帝，繪於西後檐牆中部；勾陳上宮南極天皇大帝，繪於東後檐牆中部；太上昊天玉皇上帝，繪於西壁中部偏北；后土皇地祇，繪於西壁中部偏南；東華上相木公青童道君，繪於東壁中部偏北；白玉龜臺九靈太真金母元君，繪於東壁中部偏南；東極青華太乙救苦天尊，繪於扇牆東外側；南極長生大帝，繪於扇牆西外側。在他們身旁，以各位尊神不同的身份，繪有天上地下的衆神祇簇擁着，其中有三官、帝君、仙官、金童、玉女、星宿、雷電、天罡、左輔、右弼、法師、仙曹、仙將、天丁、力士等。脚蹬雲氣，頭頂祥瑞，前後排列四五層之多，共有神像二百八十六個，全長九十四點六八公尺。畫面開闊壯麗，氣勢雄偉壯觀，筆力遒勁流暢，色澤絢麗協調，構圖嚴謹，刻畫精細，栩栩如生，既不雷同，又無雜亂之感，堪稱珍貴的元代繪畫傑作。

純陽殿又名混成殿、吕祖殿。殿面闊五開間，進深三間，八架椽，單檐歇山式建築。開間自前向右逐間縮小，平面奇特，天花藻井雕工精巧，將梁架遮護，視而不見。

殿內供奉吕洞賓神像。在殿內四壁及扇面牆上布滿壁畫，內容為描繪吕洞賓的故事，稱為《純陽帝君神遊顯化圖》。從吕洞賓降生到得道成仙、普渡衆生共計五十二幅，構圖嚴謹，連貫適當，相互間用山水、雲霧、樹石等自然景色隔連。畫面有亭臺樓閣，茶房酒肆，園林私塾，也有貴官、學士、商賈、平民、農夫、乞丐，以及各類服飾、裝束、器皿、設施等，從一個側面展示了當時社會中各階層人物的地位和活動，是研究宋、元社會的最好資料。扇牆背面有《鍾離權度吕洞賓圖》，畫面景色秀麗，山勢曲折，以虬枝老松為背景，鍾離權背松倚坐，袒胸暢談，而吕洞賓則端坐石上，俯首沉思，師徒形態刻畫得恰如其分，活龍活現。在北門楣上還有一幅《八仙過海圖》。

重陽殿又名七真殿，亦稱襲明殿。殿面闊五開間，進深三間，單檐歇山式建築。檐頭靠斗拱承挑，縱向用額枋承托，梁架全部露明，梁枋斷面不一。殿內供奉全真教主王重陽及其弟子七位，他們是邱長春、譚處端、劉處玄、馬鈺、郝大通、王處一、孫不二，他們都被道教尊為真人。殿內四壁繪有壁畫四十九幅，內容是有關王重陽及其七弟子成道的故事，以連環畫的形式繪成，每幅皆有榜題，是研究道教發展史的重要資料。扇面牆背面還畫有諸神朝拜三清的圖像。主像在上，諸神持笏板恭賀，侍女分站兩側，面型豐潤，衣帶飄揚，表現了元代繪畫的卓越成就。

永樂宮已被國務院列為全國重點文物保護單位。

（二）河南嵩山道觀

嵩山位於河南省中部，西起洛陽龍門東山，中經偃師、鞏縣、登封等縣境，向東延伸到密縣白寨以西，主體在登封縣。是我國著名的五嶽之中嶽。為伏牛山脈的主峰，東西延綿長達七十五公里。山分東西兩支，東為太室山，西為少室山，兩山各有三十六峰，峰峰有名有典，峰峰峻拔誘人。嵩山古稱『外方』，夏商時稱『崇高』、『嵩高』，西周時稱『嶽山』，平王東遷洛陽以後，稱『中嶽嵩山』。

相傳，秦始皇篤信神仙，曾在嵩山上立祠祭祀嶽神。西漢元封元年（公元前一一〇年），漢武帝劉徹率羣臣遊嵩高山，『咸聞呼萬歲者三，登禮罔不答，其令祠官加增太室祠，禁無伐其山木。以山下户三百為之奉邑，名曰崇高』，專管祭祀嶽神事宜。並令山上建萬歲亭，山下建萬歲觀，山峰名萬歲峰。這就是『山呼萬歲』的出典之處。歷代臣民朝見皇帝時，三呼萬歲便也由此所始。

唐武后垂拱四年（公元六八八年），武則天祭祀嵩山，改為神嶽，封其神為天中王，配天靈妃。天册萬歲元年（公元六九五年）臘月，武則天封於神嶽，尊天中王為『神嶽天中皇帝』，天靈妃為『天中皇后』，改元『萬歲登封』，改隨建的嵩陽縣為『登封縣』，陽城縣為『告成縣』以示其登嵩山、封嶽神，大功告成之意。

開元十八年（公元七三〇年），唐玄宗李隆基根據漢武帝加增太室祠的故事，仍封嶽神為天中王，將廟遷建於黃蓋峰下，並擴大規模，重新整飾。天寶年間又令河南府尹每年六月去嶽下祭祀，歲無違者。宋初，宋太祖趙匡胤下令為中嶽神像製作衣冠劍履。從此中嶽神像開始着衣戴冠。宋太宗於太平興國八年（公元九八三年）贈五嶽封號，中嶽之神號為『中天崇聖帝』，帝后號『正明』。並命禮部詳定儀注及冕服制度，崇飾神像之禮，至時遣禮官前去祭之。以後歷代皆有祭祀增修。

嵩山中有很多仙聖踪跡。相傳戰國時仙人王栩，號『鬼谷子』，自幼入雲夢山採藥得道，鶴髮童顏，相貌甚奇，嘗聞嵩山名勝，雲遊到此，後在這裏講學。觀星臺東北的住洞，後稱『鬼谷宅』。蜀中八仙之一李八百，曾在太室山三鶴峰煉丹。後人於此建『白鶴觀』。唐高宗與武后為潘師正造崇唐觀，嶺上起精思院，敕置奉天宮，令於逍遥谷口，特開一門，名為『仙遊門』。北魏寇謙之，唐朝李道合，宋朝董道坤、金代邱長春均在嵩山『崇福宮』主持過道場。據《嵩高誌》載，漢武帝曾在『遇聖峰』會九嶷仙子，『會仙峰』會八洞散仙。在《嵩山誌》中，唐高宗遊於鳳凰峰，清乾隆皇帝開闢登嵩御道，都被傳為佳話。

嵩山也是道教傳説中的《三皇》靈文、《陰符經》再現的發源地。據《雲笈七籤》記載，三皇文皆上古三皇所授之書，分天地人三卷。神寶君所出、西靈真人所撰。諸仙人授之以藏諸名山石室。晉時鮑靚學道於嵩山，以惠帝永康二年(公元三一〇年)二月二日入石室清齋，忽見古三皇文皆刻石為字，靚乃依法以四百尺絹為信，自盟而受，後傳葛洪。據《驪山母傳陰符玄義》一卷下註云：筌，號少室山達觀子，於嵩山虎口巖石壁得《黃帝陰符經》本。

嵩山道觀主要為中嶽廟。

中嶽廟位於嵩山東麓黃蓋峰下，距登封縣城東四公里，東接牧子崗，西鄰望朝嶺，前面為玉案山。從中華門起，沿中軸線往北到御書樓共十一進，縱深六百五十公尺，即中華門、遥參亭、天中閣、配天作鎮坊、崇聖門、化三門、峻極門、嵩高峻極坊、中嶽大殿、寢殿和御書樓主要建築。加上兩邊配殿和附屬神州宮、祖師宮、太尉宮、火神宮、九龍宮等建築，共計面積十一萬多平方公尺。中華門前還有五百公尺長甬道通往太室闕。現存殿、宮、亭、臺、樓、閣等建築四百餘間。

中嶽廟，原名『太室祠』，始建於秦。漢武帝元封元年（公元前一一〇年），命祠官增其舊制。東漢安帝元初五年（公元一一八年），增建『太室闕』。北魏時廟址曾有三遷，第一次遷廟於玉案山；第二次為北魏太延元年（公元四三五年）遷於嵩山之頂峻極峰；第三次為北魏太安年間（公元四五五—四五九年）遷於黃蓋峰。唐玄宗於開元十八年（公元七三〇年）改建在黃蓋峰下，即今中嶽廟址，至今未有變更。

宋太祖乾德二年（公元九六四年），增建中嶽廟行廊一百餘間，飾以丹青，繪以壁畫，遍植松柏。宋真宗大中祥符六年（公元一〇一三年），增修崇聖殿及牌樓等共八百五十間，移塑神像及裝修新舊功德畫壁等四百七十所，此為中嶽極盛時期。北宋末，經戰亂後，廟漸衰敗。金大定十四年（公元一一七四年）曾作重修，造殿宇二百三十八間。元初，廟院殿宇還有七百五十多間，元末毁於戰火，僅存廟宇一百餘間。

明成化十八年（公元一四八二年）、嘉靖四十一年（公元一五六二年）進行了重修。崇禎十七年（公元一六四四年）中嶽廟毁於大火。

清順治十年（公元一六五三年）重修大殿。乾隆十五年（公元一七五〇年）中嶽廟全部翻修，增建六宮。後又多次修建，但其規模遠不及唐宋。一九四九年後，政府重視文物古跡，曾公佈太室闕為全國文物重點保護單位、中嶽廟為河南省文物重點保護單位，而且逐年撥款，投工修復文物古跡。一九八二年中嶽廟被國務院定為全國道教重點宮觀之一。

中華門南五百公尺，有東漢安帝元初五年（公元一一八年）建造的太室祠神道闕一座，人稱『太室闕』。由方石壘砌，分左右兩部分，相距六·七五公尺。各有正闕、副闕，高差一點一八公尺。都由闕基（高零點六公尺）、闕身（高二點七九公尺）、闕頂（高零點七一公尺）組成。通高四點一公尺，寬二點三一公尺，厚零點七公尺。正闕頂雕有五脊的『四阿頂』，各雕有瓦壟；副闕外側頂雕有兩垂脊的半個『四阿頂』。東半闕無字。西半闕南面，有篆刻陽文『中嶽太室陽城□□□』三行九字。後三字已剥落。其下刻有篆、隸摻半的銘文數十行，每行九字。今存三十六行，字也部分剥落，模糊不清。從現存文字大概可知為記述建闕的原因和經過情況。闕四壁刻有百戲、狩獵、車馬、靈禽異獸和神話故事等圖案。是研究漢代建築、書法、繪畫、雕刻藝術和社會生活的寶貴資料。一九五二年，在此蓋房三間將闕保護。此闕與少室闕、啟母闕並稱『中嶽漢三闕』。

中華門，原為木結構牌樓，稱『名山第一坊』，一九四二年改建為磚瓦結構的廡殿式牌坊，改名為中華門。坊下部開拱券門三道，門額題『中華門』三個大字，兩邊分寫『嵩峻』、

『天中』，內題『依嵩』、『帶穎』。門外兩側有兩座方亭，亭內各立一尊東漢石雕『翁仲』站像。像高一點二二公尺，平頂大臉，身穿長衣，腰繫紐帶，雙手緊握長劍，相貌威武。

遙參亭，是過往行旅拜謁嶽神的地方。原為清代建重檐四角亭，一九四二年改建為八角重檐亭，一九七五年重修為鋼筋水泥結構。亭基高出地面一點八五公尺，亭高五公尺多。亭子四周有磚砌花牆，亭下有明柱撐頂，頂上蓋琉璃瓦。整個建築，精巧異常。

天中閣，原名『黃中樓』，是中嶽廟大門。明嘉靖四十一年（公元一五六二年）重修後，改名天中閣。清代重修，形似北京天安門。下為墩臺，臺高八公尺，寬三十公尺。正面開有三道磚券門洞，中央門額上刻有『中嶽廟』三個大字。厚大的門扇上布有三斤重的虎頭鐵釘一百二十四個。門前月臺兩側有蹲臥石獅一對，獅高三點二公尺，雕工十分精細。臺上建有樓閣，有五開間重檐歇山式建築，上蓋綠琉璃瓦。整座建築雄偉壯麗。

配天作鎮坊，原名『宇宙坊』。清代重修。一九七九年又重新大翻修。現為木結構，四柱三樓式，廡殿頂，上蓋黃琉璃瓦。正樓額題『配天作鎮』，兩邊樓額分題『宇宙』、『具瞻』。因中嶽為土神，故以地配天，故名。坊後神道兩側，原有東、西朝房各五間，一九四二年改建為重檐六角亭。今東朝亭猶在，右已闢為花圃園。四周古柏參天，別有天地。

崇聖門，以『中天崇聖帝』而名，原貌已改。一九四二年改建，為三開間歇山式建築，形制稍大，但壯麗已不及原貌。門後兩側有相對的兩座小亭。東亭為古神庫，相傳宋代重修中嶽廟時，將原來不可修復的神像埋於地下，上建庫房，以示尊敬。四角分立四個鐵人，鐵人高二點五公尺至二點六五公尺，梳髮挽髻，闊領長袍，怒目挺胸，握拳振臂，樣子十分威武。從西北隅鐵人背面銘文可知，它們鑄於北宋英宗治平元年（公元一〇六四年），有『忠武軍匠人董檐』和其他參與製鑄的人名。鐵人上下鑄縫有十一至十三層，可見是接鑄而成。西亭有無字碑一通。

化三門，取『四氣化三才』之意而名。原建和一九四二年改建的形制類同崇聖門。門後，東有東華門，西有西華門，門內有宋代狀元王曾撰文的《中嶽中天崇聖帝廟碑》。金代狀元黃久約撰文的《重修中嶽廟碑》和宋代狀元盧多遜撰文的《新修嵩嶽中天三廟碑》、陳知微撰文的《增修中嶽中天崇聖帝廟碑》。因四通碑皆為狀元撰文，故名『四狀元碑』。

再後，兩側各有形制相同的磚石殿臺兩座，依次為東嶽殿臺、南嶽殿臺、西嶽殿臺、北嶽殿臺。各臺上原建有五開間歇山式殿堂，殿內供奉風、雲、雷、雨和東南西北四嶽尊神，一九四四年日軍侵華時期，被拆除一空。今僅存平臺、臺上柱礎和臺邊石欄。四嶽殿加上中嶽廟，表示着『五嶽共存，五行俱全』之意。南嶽殿臺西北有一通北魏時期的《中嶽嵩高靈廟碑》，碑文記載北魏文成帝太安二年（公元四五六年），寇謙之修中嶽廟及傳道經過。字體介於隸楷之間，筆力沉靜古樸，風格高渾雄大，為不可多得的道教文物。但因久歷風霜和人為破壞，字跡多已脱落。

一九九一年，根據史料記載和原碑形制，又仿造一通，立於旁邊，以使後來者觀賞。碑的西側有唐武則天天授二年(公元六九一年）遊中嶽的題刻，字已難辨認。碑旁還立有元代獵兒年碑，為乙亥年(公元一三三五年）元惠宗的口述『聖旨碑』，非為漢文文法。文意略為：要求軍官、軍人對中嶽廟一草一木嚴加愛護，不得損壞。

峻極門，又名『將軍門』，為中嶽大殿中心院落『廣庭』之門。建於金大定年間，明崇禎十四年(公元一六四一年）焚毀，清順治十年(公元一六五三年）重建。乾隆年間重修為過往門庭。閣額題『峻極門』三字。上為五開間單檐歇山式建築，屋頂蓋綠琉璃瓦，斗拱、棟梁均為彩繪。中門兩旁開有掖門。中門兩側塑有兩尊高約五公尺，手執金瓜鉞斧的將軍像。『文化大革命』中『將軍』被打毀。一九八九年重修將軍門檐柱斗拱，彩繪棟梁，並重塑二將軍像，使其恢復舊觀。在峻極門北的走廊內有明代萬曆二年(公元一五七四年）鐫刻，高三公尺的《五嶽真形之圖》碑和其它碑刻多通。

嵩高峻極坊，又名『迎神門』。是一座四柱三樓式牌坊，正樓和次樓分別施九踩、七踩斗拱，頂蓋黄琉璃瓦，雕梁畫棟，額題『嵩高峻極』四個大字，為清代木結構建築，與北京故宮的承光門相似。坊後有磚石砌造十多公尺見方的大平臺，原稱『填臺』，寓意中嶽方位在五嶽之中，中央戊己為土，土星為填。又稱拜臺。

拜臺左右建有八角重檐黄琉璃瓦亭，左為御香亭，右為御帛亭。亭內分立清乾隆十五年

（公元一七五〇年）和四十八年（公元一七八三年）御筆詩碑兩通。在坊、臺兩側建有八十四間東西廊房。一九八〇年重修，並重塑有八大朝臣、十殿閻君、七十二司坐像。

中嶽大殿，又稱『峻極殿』，是中嶽廟最大的殿宇。面闊九開間，進深五間，重簷廡殿式建築，四龍吞脊，頂蓋黃琉璃瓦，七踩和九踩斗拱，透花欞子門窗。為清代仿故宮太和殿式樣所造，它建在高大月臺上，整座建築高二十多公尺，面積九百二十平方公尺。殿內上吊遊龍天花板，下鋪磨光青石地面。殿內神龕內供奉高五公尺的中嶽大帝神像，兩側有使臣侍著。神龕兩邊各站一位威風凜凜的鎮殿將軍塑像，像高七公尺，執斧荷鉞，英武有力。一九四一年，日軍飛機投彈轟炸大殿東北角，震毀遊龍天花板。一九四九年後及時整修。一九八六年至一九八七年，對大殿全面勘察，落架翻修，金妝神像，使大殿更加雄偉壯觀。大殿前築有三公尺高的月臺，月臺中路鑲有垂帶『御路』石，上面有精美浮雕圖案，上邊為『獨龍盤踞』，中間為『雙龍戲珠』，下邊為『羣鶴鬧蓮』，現加以鐵欄保護。殿右門立有陰刻寬跡的八卦符號☵（坎）字碑，傳說中嶽廟後的黃蓋峰西有個山頭叫『火焰山』，坎屬水象，刻立此碑，是以水克火的意思。

寢殿，按前朝后寢之制，在中嶽大殿之後，為面闊七開間，歇山式黃琉璃瓦建築。內奉『天中王』、『天靈妃』塑像。兩邊設有木榻，榻上有木雕『天中王』睡像，榻旁有『天靈妃』著衣坐像。因又叫『睡爺爺』、『坐奶奶』。殿內頂棚上鑲嵌着遊龍翔鳳天花板，彩繪精緻逼真。殿前有小巧玲瓏、彩繪精美的垂花門，月臺上原有象徵日月同輝的日柏、月柏各一株。二柏死後，建亭貯存柏幹，並立日形、月形碑各一通紀念。

御書樓，原名『黃篆殿』，建於明萬曆年間，當時為貯藏道藏經典的地方。清代重修，因乾隆皇帝曾在此看書批文，故名之。今樓內供奉玉皇大帝神像。兩側有十間順山房，存放着歷代皇帝祭祀中嶽所刻碑碣。

出御書樓沿山脊邊上一公里的黃蓋峰上，有八角重檐攢尖小亭一座，名黃蓋亭。亭外三重石雕欄桿，古雅別緻。欄外古柏雜樹掩映，登臨亭臺，中嶽廟景盡收眼底。

（三）河南鹿邑太清宮

太清宮位於河南省鹿邑縣城東五公里的太清村隱山上。此地原屬楚國苦縣，被認為是道教太上老君老子的故鄉。

太清宮創建於東漢桓帝延熹八年（公元一六五年），初名老子廟。唐高祖武德三年（公元六二〇年），李淵追認老子為始祖，以老子廟為太廟，大興土木，擴建道觀。乾封元年（公元六六六年），加封老子為『太上玄元皇帝』，詔建『紫極宮』。光宅元年（公元六八四年），武則天追封李母（老子之母）為『先天太后』，並建『洞霄宮』，以祀李母。

唐玄宗李隆基於開元十三年（公元七二五年），加封老子為『高上大道金闕天皇大帝』，親為《道德經》作註，御書全文鐫立《道德經註碑》一通。天寶二年（公元七四三年）下詔改『紫極宮』為『太清宮』。唐末黃巢起義時毀於兵火，幾成廢墟。宋時曾予重建，宋真宗大中祥符六年（公元一〇一三年），追封老子為『太上老君玄元上德皇帝』，第二年，宋真宗親臨太清宮，大排祀典於洞霄宮，又於宮東側鐫立御書《先天太后讚碑》一通，並下詔擴建。北宋末年，『靖康之亂』太清宮又慘遭劫燼，到金元時增修。元至正十五年（公元一三五五年），韓林兒在亳州稱帝，令拆太清宮，將材料運至亳州蓋宮殿。明萬曆七年（公元一五七九年）再次修繕。清康熙十七年（公元一六七八年）募資重修。一九四九年後，曾多次修葺。

原太清宮分前宮和後宮，相距半里，中有『清净河』為界，河上建『會仙橋』相連。前宮住乾道（道士），後宮（洞霄宮）住坤道（道姑），有事以『雲牌』傳示。前後宮共佔地七百二十畝，樓臺殿閣六百餘間。前宮午門聳立，御道坦直，院内以『太極殿』為中心，周圍有七元殿、五嶽殿、南斗殿、虛無殿、清靜閣等。現前宮存太極殿，後宮有三聖母殿、娃娃殿等。

太極殿為一九八二年修復。頂蓋黃色琉璃瓦，脊飾龍鳳花紋，鴟吻與神獸，檐下斗拱重昂。殿内八柱五梁，四壁彩繪。殿中供奉白玉石老君像為一九八八年重雕。殿側有一公尺多高，小碗口粗的鐵柱一根，傳說是老子的『趕山鞭』，也有人說為老子任柱下史官職的標誌。殿東有井一口，名『九龍井』，傳為老子出生時九龍取水浴體處。

院內古柏葳蕤，傳為老子手植，人說為漢柏。院內現存唐、宋、金、元、清碑數通。其中唐碑一通，高三公尺，寬一點一公尺，贔屓負馱。碑身兩面均刻隸書，每面二十二行，每行五十一字，為御筆書《道德經註》。雖因年代久遠，風化嚴重，但仍有部分碑銘清晰可見，不失為我國珍貴文物。

鹿邑城東北角有老君臺，為老子修道飛陞之地。又名陞仙臺、拜仙臺。臺高十三公尺，臺上面積七百零六平方公尺，全臺以古式大磚堆砌，為圓柱形。臺上環築七十公分高的圍牆，形與城牆相似。臺上有正殿三間，東西配殿各一間。臺上有宋陳摶所書的『開張天岸馬，奇逸人中龍』行書碑刻。正殿為硬山式建築，殿內供奉老子。殿門檐下東西各嵌一短碑，書『道德真源』和『猶龍遺跡』。

六、真武龜蛇鎮武當

（一）湖北武當山道觀

武當山為我國道教名山之一，古名嵾上山，太和山。位於湖北省西北部丹江口市（原均縣）境內，背依神龍架原始森林，面臨丹江水庫，東鄰歷史名城襄樊市，西接新興的汽車城十堰市。襄渝鐵路、漢十公路穿越山麓，老河口飛機場距此山九十公里，交通較為方便。

武當山，古稱『方圓八百里』，經近年實測為三百一十二平方公里，高險幽深，氣勢磅礴。山景以雄為主，兼有險、奇、幽、秀等多重特色。中有七十二峰、三十六巖、二十四澗、十一洞、三潭、九泉、十石、九井、十池、九臺等風景勝跡。主峰天柱峰海拔一千六百一十二公尺，素有『一柱擎天』的美譽。環繞主峰的衆峰俯身頷首，朝向主峰，宛如衆星拱月，形成『萬山來朝』的奇觀。武當山有『静八景、動八景』的自然景觀。静八景有『天柱曉晴』、『陸海奔潮』、『平地驚雷』。『雷火煉殿』、『祖師映光』、『空中懸松』、『月敲山門』、『金殿倒影』；動八景有『金猴跳澗』、『海馬吐霧』、『黑虎巡山』、『飛蟻來朝』、『烏鴉接食』、『梅鹿銜花』、『獼猴獻桃』、『雀不漫頂』等等，景致各有佳處，妙趣横生，耐人尋味。

武當山相傳為上古玄武（即真武）得道飛陞之地，後世認為非玄武不能當此，故名武當。杜光庭將其列為『七十二福地』之一。歷朝帝王對武當山均有加封，元大德八年（公元一三〇四年）封為『武當福地』，明永樂十五年（公元一四一七年）封為『大嶽』，明嘉靖三十一年（公元一五五二年）封為『治世玄嶽』。據説自周朝以來，就有許多高人隱士到此修煉，其中有周朝尹喜，漢朝戴孟、馬明生、陰長生，晉朝謝允，唐朝吕純陽，五代陳摶，宋朝寂然子，元朝張守清，明朝張三豐等。

唐貞觀年間（公元六二七—六四九年）均州姚簡在武當靈應峰建五龍祠，據説是武當山建廟之始。大歷年間（公元七六六—七七九年）建『太乙』、『延昌』等廟宇。乾寧三年（公元八九六年）建『神威武公新廟』。宋朝帝王尤推崇武當真武神，宋真宗趙桓於天禧二年（公元一〇一八年）册封真武為『鎮天真武靈應佑聖真君』，並下詔將五龍祠陞為觀。以崇奉真武、忠君報國為主要內容的武當道教在宋代已基本形成。元代有九宮八觀等一百多處廟宇及壇、亭、臺、橋。到元末，除天乙真慶宮石殿、古銅殿、瓊臺中觀石殿等建築外，其餘建築均毀於兵燹。

到了明代，武當山的建設達到鼎盛時期。明成祖朱棣從侄兒朱允炆（即建文帝）手中奪取政權以後，為鞏固政權，自稱武當真武神保佑他和父親朱元璋取得天下。為報答神恩，於永樂十年（公元一四一二年）遣隆平侯張信、附馬都尉沐昕、禮部尚書金純、工部右侍郎郭璡率數十萬軍民工匠進山，歷時七年（也有人說十二年），修建了太和宮、紫霄宮、南巖宮、五龍宮、玉虛宮、遇真宮、净樂宮、復真觀、元和觀和後來建的迎恩宮等八宮二觀及三十六庵堂，七十二巖廟，十二亭和三十九座橋樑等龐大的道教建築羣。著名的金殿和紫禁城也在其中。從原均州城净樂宮到天柱峰金殿，用一色青石鋪成一條約七十公里的『故道』，由净樂宮至玄嶽門的故道古稱『官道』（於一九六八年因丹江水庫建成後，與均州城及沿途宮觀等，同被水淹没。），玄嶽門沿玉宮、五龍宮至金頂的故道，約四十五公里，陡險處還裝有鐵鏈，古稱『神道』。而這個建築羣就修建在故道兩旁。或依山傍水，或臨巖跨澗，利用峰巒巖澗的雄偉高險和奇峭幽深，在峰、巒、坡、坨、巖、澗合適的位置上修建。其規格和大小，間距的疏密都恰到好處，達到時隱時現、忽高忽低、迂迴曲折的效果。故道就像一條穿珠的引線，把大小建築全部串連起來。明代詩人洪翼聖在《武當山道中雜咏》讚道：『五里一庵十里宮，丹牆翠瓦望玲瓏。樓臺隱映金銀氣。林岫迴環畫境中。」武當山宏偉的建築，精湛的技藝，細膩的雕塑，艱巨的工程，在世界上都是罕見的。

明成祖朱棣為何要大建武當山，歷來說法不一。民間傳說他興『靖難之師』，取代建文帝當了皇帝，建文帝逃到武當山修道仙去，他就營建武當山紀念建文帝。另一種說法是他奪皇位，火焚皇宮，建文帝下落不明，改名換姓到武當山當了道士，被著名道士張三豐隱藏下來。朱棣以拜訪張三豐、大建武當山之名行拿訪建文帝之實。還有一種說法是朱棣自命自己是真武神傳世，所以大建武當。不管傳說如何，武當山是復興了，張三豐祖師也因此更為出名，並開創了『武當道派』。這一派崇祀『真武大帝』；習武當內家拳技；在教義上主張三教合一；重修煉內丹，且首重性功。

一九四九年後，國務院於一九六二年、一九八二年、一九八八年先後將金殿、紫霄宮，『治世玄嶽』石牌坊列為全國重點文物保護單位。湖北省政府於一九六一年將全山古建築羣列為省重點文物保護單位。湖北省政府於一九八〇年決定建設武當山風景名勝區，於一九八七年編製出《武當山總體規劃》，將武當山劃分為玄嶽門、太子坡、南巖、金頂、瓊臺、五龍六個大景區。現武當山宮觀除紫霄宮、太和宮（包括金殿）為宗教活動場所，由道士自己管理外，其餘宮觀皆由文物管理部門管理。

近年來，武當山修築登山公路二十五點二公里，修復古神道十五公里。遊人登山將更為方便、安全。

遊人入山，如乘火車可在武當山站下車，下車即是武當山鎮（原名老營），是武當山景區的集散中心，包括在玄嶽門景區內。玄嶽門景區有玄嶽門、遇真宮、元和觀、玉虛宮等。玉虛宮位於武當山鎮旁，往東約三點五公里處為元和觀，再往東零點五公里為遇真宮，再往東一公里處為玄嶽門。

一、玄嶽門

玄嶽門，為『治世玄嶽』牌坊的俗稱，建於明嘉靖三十一年（公元一五五二年），為三間四柱五樓的石建築，高十二公尺，寬十二點八公尺，石鑿榫卯而成。正中坊額上刻着明嘉靖皇帝御筆書『治世玄嶽』四個大字。牌坊的坊額、檐椽、欄柱上以浮雕、鏤雕和圓雕的技術，刻有仙鶴遊雲、八仙祝壽等圖案，坊下鰲魚相對，卷尾支撐，坊頂有鴟吻吞脊的裝飾，檐下坊間綴以各種花鳥圖案，五檐飛舉，做工精細，堪稱我國石雕藝術精品。一九八八年，國務院公佈玄嶽門石坊為全國重點文物保護單位。

玄嶽門前原有靈官殿、玄都宮、回心庵等建築，早廢。遺留下來的王靈官和六丁神像，均為銅鑄鎏金，各重約千餘斤，造型生動，為珍稀文物，現移置在元和觀內。王靈官為道教護法神。相傳，昔日香客朝山敬香，必須到回心庵洗心入靜，虔誠敬神，否則會受到王靈官的懲罰，降臨災難。因此，信士到此毛骨悚然，不敢亂說亂想，古有『進了玄嶽門，性命交給神；出了玄嶽門，還是陽間人』之說。

玄嶽門左側為小終南山，冲虛庵就建在山中，為三十六庵堂中保存較好的一座。庵內從前供有真武、呂洞賓等神像。庵前有一棵古柏，傳說是唐時呂洞賓手植，每當夏季，滿樹開金花，故名金花樹，是武當山脚下聞名的一景。庵內還有一井，名『舜井』，相傳舜曾在井內穿道而出。往西一公里處為遇真宮。

二、遇真宮

遇真宮，背依鳳凰山，面對九龍山，左為望仙臺，右為黑虎洞。據說著名道士張三豐曾在此結庵修煉，名為『會仙館』。明永樂十年（公元一四一二年）敕建遇真宮，五年後建成，共建殿堂、齋房、方丈室、樓閣等九十七間。到嘉靖年間（公元一五二二—一五六六年），已擴建到三百九十六間。由前至後有琉璃八字宮門，東西配殿，左右廊廡，齋堂和真仙殿等。真仙殿為廡殿頂式建築，面闊和進深均為三間，飛檐彩繪，梁、坊、斗拱中許多構件尚存元代營造手法。從前，殿內神像儀仗排列，以金像、金龜、金鐘、玉磬、玉案、浮雕玉石贔屓馱御碑最為珍奇。現存明制張三豐銅鑄鎏金像，高一點四一公尺，身着道袍，頭戴斗笠，脚穿草鞋，面貌豐潤，風姿飄逸，栩栩如生。永樂皇帝曾尊張三豐為『老師』、『真仙』，英宗正統元年（公元一四三六年）封他為『通微顯化真人』，憲宗成化二十二年（公元一四八六年）封他為『韜光尚志真仙』，世宗嘉靖四十二年（公元一五六三年）又封他為『清虛元妙真君』。過去張三豐深受信衆膜拜，在他神像前的青磚地面上，被前來磕頭的信衆磕出了一個深凹。

遇真宮右面的黑虎洞，相傳是替真武神『巡山守衛』的黑虎所居的洞穴，故名。

遇真宮往西零點五公里處為元和觀。

三、元和觀

元和觀，原名『元和遷校府』。元和觀於明永樂十一年至十七年（公元一四一三—一四一九年）重建。明嘉靖後，又曾改建與重修，其規模僅次於遇真宮。其主體建築在高臺之上。殿內現陳列的神像、供器，大多為銅鑄鎏金，鑄造工藝精巧。其中木雕飾金真武神像，是武當山現存最好的木雕藝術傑作。幾尊玉女銅鑄神像，服飾具有宋代風格。六丁、玉皇等神像，造型生動，形態各異，是我國稀有珍貴文物。

元和觀，原為武當山道教監獄，是處罰違犯清規戒律道士的地方。其用刑輕者為跪香、杖革，重者則至烙眉、焚刑。

往西約三點五公里處為玉虛宮。

四、玉虛宮

玉虛宮，全稱『玄天玉虛宮』，俗稱老營宮。建於明永樂十一年（公元一四一三年），嘉靖三十一年（公元一五五二年）重修。原為五進三路院落，有龍虎殿、啟聖殿、元君殿、小觀殿及堂、祠、廟、壇、亭等二千二百餘間。清乾隆十年（公元一七四五年）大部分建築被毀。現存建築僅剩有宮牆和宮門。宮牆渾厚凝重，宮門為精雕瓊花須彌石座，券拱三孔，兩翼八字牆鑲嵌琉璃瓊花圖案。門前是飾欄臺階；進宮門，是佔地四十多畝的大院落，青磚鋪地；穿過玉帶河，是二宮門，層層高臺拱舉龍虎殿、朝拜殿、正殿、父母殿等遺址；宮牆東為東宮，又名東道院，有浴室、神厨、龍井等遺址；宮牆西為西宮，有望仙臺、水簾洞、御花園、元梁殿等遺址；宮門内外有四座碑亭，亭内各置巨大的贔屓馱碑。宮門内的兩座亭中的石雕贔屓通長六點零六公尺，高二點八五公尺，寬二點三五公尺，馱的碑高六公尺，寬二點三五公尺，厚零點七六公尺。通高九點零三公尺，估計總重量每個達一百多噸，這兩座碑刻，一通是永樂十六年（公元一四一八年）《大嶽太和山道宮碑記》，一通是永樂十一年（公元一四一三年）為保護武當山道教的一道『聖旨』。

宮門外的兩座碑亭，一通是嘉靖三十一年（公元一五五二年）為重修太和山的一道『聖旨』，一通是嘉靖三十二年（公元一五五三年）《重修太和山宮殿紀成碑》。

在武當山鎮乘小公共汽車沿登山公路南行七點五公里處，進入太子坡景區。

五、磨針井

磨針井，在太子坡景區內，又名純陽宮。磨針井之名，取自真武大帝刻苦修煉，最後得道成功的故事，故事說：净樂國太子得玉清聖祖紫元君的啟示，到武當山學道修煉，但意志不堅，欲下山還俗。走到這裏，遇見紫元君變成一姥姆在井邊磨鐵杵。太子感到奇怪，上前問道：『磨鐵杵做什麼？』姥姆回答：『磨針。』太子驚問道：『那不太難了嗎？』姥姆偏過頭，笑容慈祥地點化太子道：『只要功夫深，鐵杵磨成繡花針。』太子聞言頓時大悟，遂轉身回山修煉，最後終於得道昇天。後來，人們稱這裏為磨針井，並修建了磨針井和回心庵。

現磨針井建築係清康熙年間（公元一六六二——一七二二年）巡撫林天擎、守道金朝用、知府林養性、知州佟國玉同建，當時名『純陽宮』。清咸豐二年（公元一八五二年）重建。一九八一年湖北省政府撥款，歷經三年修葺，恢復了原貌。磨針井佔地五千平方公尺，計有廟房五十二間。左有層樓，右為方亭，前有廡廊，旁為山門。其主體建築祖師殿高踞於崇臺之上，前廊為卷棚頂，有高大的彩繪蘆板封檐，線條分明的『羣龍遊海』脊頂及馬頭牆，具有明顯的荊楚風格。殿內正中水製雕花神龕上，供有真武青年時的塑像。殿壁四周有八幅以真武修煉為內容的壁畫。殿前埋有大鐵桿兩根，直徑達一百一十五公分，烏黑光亮，好似姥姆當年所磨鐵杵。殿的右側，是一方型重檐古亭，亭身四面護封，亭頂脊飾以精巧的鳥、獸圖案。亭内神龕供有鐵鑄飾金姥姆像，姥姆手持鐵杵，頭微側偏，一副和藹可親的樣子。姥姆像前有井一口，即傳説昔日姥姆磨針之井。離磨針井不遠的山巔建有關帝廟，從前供奉關公，已廢。現存一明萬曆年間（公元一五七三——一六二〇年）銅製青龍偃月刀，重達三十多公斤。

由磨針井沿山路上山過老君堂，再循山坡轉折前進，過復真橋，即到太子坡。

六、太子坡

太子坡，又稱復真觀。明永樂十年（公元一四一二年）始建，清康熙元年（公元一六六二年）、二十三年（公元一六八四年）、二十九年（公元一六九〇年）曾三度重修。湖北省政府於一九八三年至一九八七年，總投資六十二萬多元，維修太子坡，現有廟房一百零五間，佔地面積一萬六千平方公尺，基本恢復了原貌。

據傳説，净樂國太子十五歲時入山修煉，最初就住在坡上，因此名為太子坡。太子曾一度灰心下山，經紫元君『鐵杵磨針』點化後，又堅定信念，在此修煉。後據此傳説建復真觀。

太子坡位於天柱峰東北，獅頭山下，為登金頂的孔道，背依陡巖，面臨深谷。從復真橋拾級而上，是一座紅牆翠瓦的山門，又稱紅觀門，門楣磚雕匾額刻有『太子坡』三字。過復真橋角行百餘步，即為頭門，上額題『復真觀』三字，為明代永樂時期駙馬都尉沐昕書。入門後，雲牆曲迴如浪，這就是有名的『九曲黃河牆』，繼續步步登攀，穿二門、三門、四門，再幾經轉折，朱牆數仞，如入迷宮。從進門到出門，有『一里四道門』之稱。進入二門，左為玲瓏的拜臺，右有八角形仿木構琉璃化香爐，置於石雕須彌座上，此化香爐在武當山中最為別緻珍貴。觀內主體建築有祖師殿、皇經堂、五層樓等，東西鄰立，不拘軸線。穿過龍虎殿，大院中有一飾欄泓池，名『滴淚池』。相傳，真武進山修道，其母善勝皇后直追不捨，悲慟欲絕，滴淚成池。

院上飾欄高臺是祖師殿，為三開間單檐硬山式建築，斗拱製作古樸，撩檐下枋有小方，枋側有三麻葉頭，槅扇門罩均為精雕。殿門前的大銅鐘為乾隆年間（公元一七三六——一七九五年）鑄造。殿左小院重疊，原為接待客房和道房。院前依巖建五層樓，其間有梁枋十二根，交叉疊擱在一根獨柱上，這就是古代木構建築傑作『一柱十二梁』，歷經數百年，保存完好。從五層樓折上，是皇經堂和藏經閣。閣前金桂叢生，每逢秋季，桂花飄香，是復真觀的一大勝景。沿祖師殿後的夾牆複道左折右拐，攀數十級石階，便是觀內的最高處太子殿。小巧玲瓏的閣內供太子童年塑像。殿前有寬敞的觀景廊，可俯瞰全觀。

太子坡景區包括玉皇頂、回龍觀、回心庵、磨針井、關帝廟、八仙觀、太子坡、天津橋、龍泉觀、玉虛巖等景點。這組古建築，基本上是按照《真武經》中真武（太子）修真的故事，設計建築的。但因長期失修，大部已毀，現磨針井和太子坡處經過修繕，恢復了舊觀。

穿過太子坡左邊的一條夾牆複道，沿下十八盤的曲折神道走二點五公里即到九渡澗。九渡澗上架一石橋，名天津橋，再行約一點五公里處為玉虛巖。

七、玉虛巖

玉虛巖位於九渡澗南岸，因真武曾在此修煉，後得道飛昇，被封為『玉虛師相』而得名。又有武當山道士俞聖哲曾在此修煉，因此又叫做『俞公巖』。巖上長滿藤蘿，如同簾布一樣垂掛至下面深谷，澗水隆隆，聲震如雷，兩巖夾壁峭削，抬頭一望，宛如一線天。元泰定元年（公元一三二四年）在此建巖廟，奉祀真武、雷部諸神。現存建築係晚清重修，神像亦是同治年間（公元一八六二——一八七四年）重塑。玉虛巖為武當山七十二巖廟中規模較大，保存較好的巖廟之一。

過天津橋，攀上十八盤，便進入南巖景區。

八、紫霄宮

紫霄宮位於天柱峰東北展旗峰下，展旗峰在宮後猶如一面巨大的旌旗橫空展開，迎風飄蕩，宮對面有照壁、三公、五老、蠟燭、落帽、香爐諸峰，右有雷神洞，左有蓬萊第一峰。宮前有禹跡池，再前有寶珠峰。周圍崗巒天然形成一把二龍戲珠寶椅形的地勢，紫霄宮就座落在這把寶椅正中，明永樂皇帝封這裏為『紫霄福地』。

紫霄宮於宋宣和年間（公元一一一九—一一二五年）創建，淳熙元年（公元一一七四年）被毀於火。元代有道士魯大宥、汪真常、李守冲等募資重建，名為『紫霄元聖宮』。明永樂十年（公元一四一二年）敕建玄帝大殿、山門、廡廊、左右聖旨碑亭、神厨、神庫、祖師殿、父母殿、方丈室、齋堂、鉢堂、雲堂、厨室、倉庫、池亭等一百六十間，賜額曰『太玄紫霄宮』。嘉靖三十一年（公元一五五二年）又增修擴大到八百六十間。現為武當山保存最好的宮觀之一。一九八二年二月二十八日被國務院列為全國文物重點保護單位。一九八二年被國務院定為全國道教重點宮觀之一。

站在八字宮門外，可見到數百級飾欄臺階層層叠上，四座『琳宮珠殿』，依山倚立在十二重高大的飾欄丹墀崇臺之上，威嚴肅穆，氣勢壯觀。從刻有『紫霄福地』額坊的福地殿，進入龍虎殿，只見怒目圓睜，手執戈戟，高約丈餘的青龍、白虎神塑像侍立兩旁。據有人說，這兩尊神像和太子巖中的太子少年像，均為元代著名塑像家劉元一派的傳世作品，是武當山泥塑藝術的珍品。

出龍虎殿，到十方堂（亦名朝拜殿），堂內供奉道教護法神——王靈官的塑像。堂的左右有贔屓亭，亭內有明永樂年修大嶽太和山道宮碑和聖旨碑。穿過十方堂是一進方石鋪面的寬敞大院落，三層飾欄崇臺，捧拱着紫霄宮的正殿——紫霄殿。

紫霄殿進深面闊均為五間，垂檐歇山式建築，宏偉壯觀，翠瓦丹牆，頂飾鴟吻吞脊，脊中寶瓶閃光，殿的九脊和檐角上還飾有飛龍天馬、雄獅麒麟等琉璃瓦禽獸，造形生動。殿內額坊、斗拱、天花均繪重彩圖案，藻井浮雕二龍戲珠，三十六根杉木巨柱頂立其間，整座建築，飛金流碧，富麗堂皇。重檐下一直匾額題『紫霄殿』。殿門匾額題『始判六天』。

殿內正中神龕有二龍戲珠和雙鳳朝陽裝飾，龕下是雕刻精巧的須彌石座。龕內供奉身着龍袍，脚踏雲履，手捧寶劍的真武坐像，另有四尊御製銅鑄鎏金真武像，一尊為武身像，另外三尊分別為老年、中年、青年時代像。龕內侍神為周公、桃花女。龕下左列金童、嶽天君、溫天君；右列玉女、太乙、趙天君、闢天君等銅鑄鎏金像。殿的左右還有二十八尊形象不同的真武像。殿內陳設的珍珠彩燈、寶瓶、鼎、蠟釬等均為明永樂皇帝御賜之物。神案旁還有一對鐵樹開花燈，其上銘文為明弘治辛酉年（即弘治十四年，公元一五〇一年）鑄造，上飾龍鳳、孔雀，花枝招展，工藝精巧，被定為國寶。

正中放着銅質武當山模型，為明萬曆四十四年（公元一六一六年）鑄造。上有金殿、天門、神道、真武、玉皇、二仙傳道、姥姆磨針、五龍捧聖、黑虎巡山、梅鹿獻藝、獮猴獻桃、龍鳳等等，造型精美。殿左有一根數丈長的杉木，傳說從遠方飛來，故名『飛來杉』。又因在一端輕輕扣擊，另一端便可聽到清脆的響聲，因而又稱為『響靈杉』。據說這杉是明代留下來的遺物，歷年來，人們已將杉木的兩端扣出兩個半尺深的光滑洞穴，『紫霄聽杉』

已成為紫霄一景。

殿前還有一座一人多高的鐵鑄香爐，爐身為明永樂十四年（公元一四一六年）鑄造，爐頂為明正德十年（公元一五一五年）鑄造，其上刻有三個『卐』形字。『卐』字在武則天長壽二年（公元六七三年）規定讀音為『萬』字音。

正殿後面是父母殿，為清代重修的樓閣式建築。殿內中間神龕供奉真武大帝的父母，即净樂國王明真大帝和善勝皇后瓊真上仙。左神龕內供奉慈航真人，右神龕內供奉三霄娘娘、送子娘娘等。樓上供奉玉皇、斗姥。

由父母殿左折而上，入紫竹林，松杉參天，循數百石階拾級而上，穿過太子巖山門，展旗峰半壁豁開一穴，名太子巖。這裏相傳是太子修真的地方，洞口高約十公尺，寬十五公尺，深十二公尺，洞室寬廣，洞底平坦，方石鋪面，洞內有元代初年建造的小型石殿。殿側置元至元二十七年（公元一二九〇年）鐫刻的『太子巖』石碑碣。殿內供太子童年塑像，面容豐潤，頭扎髮髻，錦衣似飄，神態自若。洞後有池，池水常年不涸。

在紫霄宮除了殿堂外，還有很多新奇景點傳説，如：

龜脖吐水：在紫霄殿後實間，建有『天乙真慶泉』，地湧甘泉，終年不竭。泉旁置石雕斷頭龜，龜頭放在一旁。每遇雷雨，龜脖便吐一股清水，並發出『不吐、不吐』的叫聲。相傳此龜經常偷吃武當的仙物，後被真武發覺，令它吐出，龜拒而不吐。真武一怒之下，揪斷龜的腦袋擲於殿後，說：『你啥時吐光仙物，我啥時再把腦袋給你安上。』龜仍然不吐，真武便令雷神來揍它。所以每當雷雨時，龜脖便吐水。水質甘甜清洌，被稱為『靈液化體』的仙水。

金銀沙坑：紫霄殿後石壁上，嵌一石雕小廟，廟內有兩個小坑，一名『金沙坑』，一名『銀沙坑』。相傳，凡虔誠敬神而貧窮者，能從坑中抓起金銀沙來。

日池觀魚：紫霄殿前有個飾欄圓池，直徑兩丈許，名曰日池。池內有魚，魚的顏色會由黑變青，由青變紅，由紅變花，由花變白，故名五色魚。相傳此魚是織女的繡花針變化而來的，美麗可愛。

金蛙叫朝：在紫霄大院中軸線的石板上，用腳一踩，便發出像青蛙一樣的叫鳴聲，叫聲逼真，非常玄妙。相傳，紫霄殿的寶金蛙，為了不被偷盜走，便自己躲到了石板下，只讓人們聽其鳴聲，不讓看見。

雙瀑懸空：紫霄宮前，有金水渠匯流於禹跡池和紫霄澗，每遇大雨，兩條瀑布瀉下懸巖，勢若天河開閘，極為壯觀。

銀線穿珠：紫霄宮前金水渠水從小寶珠峰洞穿過，流入禹跡池，猶如銀線穿珠。傳說，小寶珠峰為大寶珠峰的兒子，古人為了確保此地的寶光福氣不被帶跑，遂鑿洞開渠以銀線穿之，故名。

梭蘿藏月：紫霄宮東苑門外，有兩株六、七丈高的七葉樹，俗稱『梭蘿樹』，相傳是月宮搖錢樹轉世。每當月夜，月亮便羞答答藏在茂密的枝葉之中，時隱時現，枝梢上掛滿亮晶晶的金星，妙不可言。

喜鵲迎賓：紫霄宮常有喜鵲成羣結隊，揮翅迎賓，叫聲親切，相傳遊客若遇此景，必有大喜。

紫霄霽雪：紫霄宮每遇霽雪，景致奇特。千山銀花，萬木冰凌，晶瑩透明，光怪陸離，千姿萬態難盡形容。

由紫霄宮經後山陡峭的小路走二點五公里，或由登山公路乘車至終點站烏鴉嶺，下車後拾級而上，經南天門，便到南巖。

九、南巖宮

南巖宮，位於天柱峰東北。乘車至登山公路的終點站——烏鴉嶺，下車後沿石蹬道而上，經南天門，便進入南宮遺址。據傳說，唐代時就有道士在此修煉。元代曾在此大興土木，修建宮殿。元仁宗於延祐元年（公元一三一四年）賜額『大天一真慶萬壽宮』。可惜元末大部毀於兵火。明永樂十一年（公元一四一三年）重建，有殿堂、道房、亭臺等大小房間一百五十間，賜額『大聖南巖宮』。到嘉靖三十一年（公元一五五二年），擴建到四百六十間。清末又毀於火。現僅存元建的石殿、明建的南天門、碑亭、兩儀殿等建築及元君殿、南熏亭、圓光殿等遺址。元君殿基上尚存玉皇塑像，峨冠華衮，形態逼真。從南天門沿石級而下，入小天門，穿過碑亭，便到俗稱脚蹬老虎巖的崇福巖，巖壁上刻有詩文、碑記等。從『神道』進入龍虎殿，兩扇高大的木門啟合有聲，悅耳動聽，如『金鷄鳳凰鳴』，是南巖著名的一景。出龍虎殿，是一以方石鋪面的大院落，院中有一口水井，井水清香洌甜，猶如甘露，人稱甘露井。從院落登上飾欄崇臺，是元君殿（亦名大聖南巖宮）遺址。出元君殿後門，沿神道前行，便可見到天乙真慶宮。

在南巖宮下面，有一座絶嶺，昔日這一帶烏鴉，成羣結隊，人稱烏鴉嶺。相傳，太子上山修煉時，有『烏鴉引路』、『黑虎開山』。太子在山上修煉時，有『烏鴉報曉』、『黑虎巡山』。太子得道成神後，封烏鴉為『烏鴉神兵』，封黑虎為『巡山大元帥』。明永樂年間敕建烏鴉廟和黑虎廟，早廢。

往日善男信女朝武當，把烏鴉當作『報喜不報憂』的『神鳥』，稱為『靈鴉』，都要帶上一布袋玉公尺、公尺花之類的禮品，走到這裏，一邊撒向空中，一邊喊『烏鴉接食』，成羣結隊的烏鴉應聲鼓翅，飛翔前來，張口從空中接走食物，成為武當山動八景之一。

由烏鴉嶺過榔梅祠，再往前行，石道迂迴，景緻多變，千尺危巖上有一洞，人稱金仙洞，往前再走一程就到了七星樹。由七星樹循石級而上便進入了金頂景區。

十、天乙真慶宮

天乙真慶宮，亦稱南巖石殿，位於南巖前側紫霄巖的懸崖絕壁上，立於殿前廊前，抬頭仰望，危崖摩天，高不見頂；憑欄俯瞰，絕澗千丈，深不可測。殿建於元代延祐年，（公元一三一四年），面闊三間，進深亦為三間，前坡為單檐歇山式，後坡依巖作懸山式，為石砌仿木結構建築。其梁柱，檐檀、斗拱、門窗均為巨石雕琢、拼砌榫卯而成，其殿頂也為石板瓦。殿內供奉三清、真武、四御等數十尊神像，大都為銅鑄飾金，莊嚴肅穆，氣韻生動。四壁嵌列五百尊鐵鑄靈官像，各高尺許，神態各異。還存有數十尊雷部銅鑄神像，造型極為生動。殿內神龕內，盤着一條丈餘長的金龍，張牙舞爪。一位粉面星眼，豐頤朱唇的少年，和衣而卧，頭枕金龍，神態自若，這就是有名的『太子睡龍牀』。殿右皇經堂牆壁上，橫刻『福壽』兩個大字，字體遒勁鬱勃，據說是五代末著名道士陳搏睡着書寫的。

懸巖長廊上，古碑林立，摩崖奪目。其中『福壽康寧』四字摩崖，為明代王顒所書；『南嵒』兩字碑刻，為明永樂年間駙馬都尉沐昕所書。在碑刻中，還有號稱八仙之一的呂洞賓的題詩以及御碑、功德碑等等。

巖上其它建築，還有兩儀殿、八卦亭、藏經閣、娘娘殿、父母殿、棋亭、金種玉磬巖等等，都具有『仙山瓊閣』、『瓊臺玉宇』的氣勢。在兩儀殿前，有一浮雕雲龍石梁，長達二點九公尺，寬約四十九公分，懸挑於絕壁之外，前臨萬丈深淵。龍背雕數朵流雲，前端雕龍首，上設香爐。俗稱龍頭香，又名龍首石。從前，很多香客為表示虔誠，踏龍背邁出三大步，跪行其上，敬燒龍頭香。偶一失足，則墜落深澗，一命嗚呼。清康熙年間，總督蔡毓榮下令立『禁燒龍頭香』碑，並設欄門加鎖。如今於此扶欄俯視，仍使人毛骨悚然。

龍頭香對面有一臺，為禮斗臺和風月雙清亭遺址。南巖西面一峰，名飛昇巖，上建梳妝臺、飛身臺。飛身臺前豁出一石，名叫試心石，石下懸巖千丈。相傳，真武在武當修煉了四十二年，得道昇天前，曾在此梳妝更衣，所以名『梳妝臺』，亦名『更衣臺』。

十一、金頂太和宮

金頂景區的第一個景點是黃龍洞。經黃龍洞上歡喜坡便是朝天宮。由朝天宮登天柱峰有兩條路，一條自左登百步梯，越過分金嶺，由南面而上，這條路磴道屈曲，較為緩坦，為清朝修成。另一條是明朝修成，一九八三年修復的磴道，從右攀援百層險巖，穿過數千石階上的一天門、二天門、三天門，進入朝聖門，直趨峰頂太和宮。這條磴道雖然艱險，但景點較多，遊人除老弱者外，一般都願選擇這條磴道攀登極頂。太和宮包括紫金城與金殿。

太和宮，全稱『大嶽太和宮』。位於天柱峰頂端，距武當山鎮三十五公里。在明代時，天柱峰上的金殿稱為太和宮，到清代時則把明朝建的朝聖殿稱為太和宮，並沿襲至今。

太和宮建於明永樂十四年（公元一四一六年）。建有朝聖殿、鐘鼓樓、元君殿、父母殿、誦經堂、神庫、神厨、齋堂、真官堂、方丈室、朝聖堂、廡廊等共計七十八間。到嘉靖時，擴建到五百二十間。正殿為朝聖殿（即太和殿），現殿門匾額題『大嶽太和宮』五個大字。殿内供奉銅鑄鎏金真武坐像，下列雷部六天尊。殿門兩旁有兩道銅碑，一通為明嘉靖二十九年（公元一五五〇年）立敕建蒼龍嶺雷壇設金像的御碑，另一通為嘉靖三十一年（公元一五五二年）立遣工部左侍郎陸述等祭祀碑。殿前是朝拜殿，周列石碑。左右為鐘鼓樓，内懸掛明永樂十四年（公元一四一六年）鑄造的一口大銅鐘，鐘高一點五七公尺，直徑達一點四三公尺。正殿對面崛起一臺，名『小蓮峰』，峰巖上刻有『一柱擎天』四個大字，還嵌刻着李宗仁先生遊武當的題詩。峰頂崇台上有一殿，名『轉運殿』亦名『轉展殿』。殿内有一小銅殿，通高二點九公尺，寬二點七公尺，進深二點六公尺，為武當山道士公尺道興、王道一在元大德十一年（公元一三〇七年）化緣募資鑄造的，為我國現存最早的一座銅殿，極為珍貴。此銅殿原放在天柱峰巔，明永樂十四年（公元一四一六年）因其規模小，移置於此。轉運殿與銅殿之間的後竇間陰暗無光，一人側身可過。相傳，環繞銅殿轉一圈，可轉運得福。

從朝拜殿右折下，便是皇經堂（又名誦經堂）。清代改建，殿額中書『白玉京中』四個字。四檐吊四風鈴，據説鈴響可預報風雨。闌額、槅扇浮雕着衆多道教神仙故事圖案。如八仙、福禄壽等。殿内正中懸一匾，上書『生天立地』四個金字，為清道光皇帝御賜。殿内供奉有三清、玉皇、真武、慈航、呂洞賓、靈官等神像。皇經堂附近有天雲樓、天池樓、天乙樓、太和高樓、龍廟等遺址，道教協會正準備逐步修復。從天池樓下去，有著名的兩坑，這就是傳説中的油罐和鹽罐，相傳明代大建武當山時，兩坑自流油鹽，每天剛夠山上人們食用。後來有人鑿大罐口，想多流油鹽去賣錢，從此便不再流油鹽了。其下還有清微宮，張三豐曾在此修煉，建於明永樂十一年（公元一四一三年），現尚存部分建築和碑碣。從皇經堂折上南天門，就是建在懸巖上的紫金城。

紫金城，亦名皇城，因金殿在其上而得名。建於明永樂十七年（公元一四一九年），高達數丈，城周長一點五公里，係用每塊重達千斤的條石依巖砌成。從裏向外看牆體向外斜，從外朝裏望牆體却向裏斜。紫金城四方開東、南、西、北四門，東、西、北三門逼臨絶壁，惟南天門有路可通。南天門設有三門，中為神門，右為鬼門，左為人門。

進入南天門，就是靈官長廊，幽暗陰森，石冷襲人。中間有三間三層樓閣，上端有錫鑄的靈官殿，廊中還有六通明碑，廊的兩端有十二根重達百斤的鐵鑄神鞭。相傳，凡是不虔誠的朝山進香者，到此都要受到靈官的嚴厲懲罰，上不了金殿。出靈官殿長廊，手拉鐵索，攀登『九連磴』，九轉而登一百數十級石梯，便到了金殿。

金殿，巍然屹立於天柱峰之巔。建於明永樂十四年（公元一四一六年）。面寬和進深均為三間，高五點五公尺，寬五點八公尺，深四點二公尺，全為銅鑄鎏金仿木結構，重檐廡殿式建築。上檐斗拱為四抄雙下昂七鋪作，下檐斗拱為三抄雙下昂六鋪作，翼角飛舉，脊飾吻、龍、鳳、魚、馬、獅等珍禽異獸。下設圓柱十二根，作寶裝蓮花殿礎，斗拱檐椽，結構精巧，額坊及天花板上，雕鑄流雲、旋子等圖案，線條清晰流暢，殿基為花崗石砌成，四周繞以石雕欄桿。殿內神案、供器、几案等均為明代銅鑄鎏金。殿內正中供奉着袍鎧、披髮跣足的真武大帝銅鑄鎏像。像高一點八公尺，重達十噸，造型豐潤端莊。側侍金童玉女和水火二將的銅像，形象生動，姿態各異。神案下有龜蛇纏繞，蛇繞龜腹，翹首相望，生動傳神，巧奪天工。殿內匾額上書『金光妙相』為清代康熙皇帝的御筆。殿內藻井上，懸掛着一顆寶珠，相傳此珠能鎮住山風，不讓它進殿門，故名『避風珠』。至今殿外山風呼嘯，殿內神燈火苗却一絲不搖，眼看大雪要飄入殿內，可是到門口又被頂了出去。

這種現象，是我國古代工匠高超技藝和智慧的結晶。在造金殿時，不僅要考慮精密鑄件的熱脹冷縮的系數，而且還要焊接嚴實。因此，殿體共分兩件鑄造，結構嚴謹，連接精密，毫無鑄鑿痕跡，殿內密不透風，空氣不能形成對流，所以，神燈能長明不滅。金殿雖然經過五百多年風雨雷電，酷暑嚴寒，至今仍金碧絢爛，宏麗如初。

金殿兩旁配房，左為簽房，是從前朝山的人們在此抽簽，以占驗吉凶禍福的地方。右為印房，是過去蓋『神印』的地方。『神印』上刻『都天大法主寶』字樣，據説蓋印可降福禳災。金殿後父母殿，內供奉真武父母。

一九六二年國務院決定將金殿列為全國重點文物保護單位。一九八二年被國務院定為全國道教重點宮觀之一。

在金頂還有許多新奇景觀供人們觀賞。

金頂日出：晴好的淩晨登金頂觀日出，只見東方山巒間赤霞萬道，一個仿佛透明的紅球，掩在一抹玫瑰色的紅雲中，欲出不出；俄而往上一跳，躍出一牙；又一跳，躍出半邊，再一跳，全部躍出。此時太陽深紅如丹，大似車輪，冉冉上昇，慢慢變小，好似火球紅亮紅亮；再過片刻，越昇越高，色變減弱，亮度增加；轉眼如金盤懸空，金亮金亮，耀眼奪目。這時舉目遠眺，羣峰環峙，雲霧繚繞，碧波蕩漾的丹江水庫似一面明鏡映照面前，方圓數百里的武當山勝景盡收眼底。

天柱曉晴：晴好的黎明前時分，遠望天柱峰巔，會看到峰巔被朝陽的光輝塗得金紅燦爛，好像瑰麗珠玉懸空。

祖師映光：是金殿及真武神像反映在雲端，稍縱即逝放出光華的幻景。相傳，這一奇景很不容易看到，若出現此景，則天下太平，五穀豐登。一九四九年後，老道士曾見過此景。據介紹說，雨過初晴，金頂上空紫氣氤氳，祥光靄瑞，雲頭映出金光閃閃的金殿和真武神像，猶如海市蜃樓，美麗壯觀。

祖師出汗：金殿內供奉的真武神像有時會像人一樣熱得滿身流汗。傳說這是真武神靈驅趕旱魔，降大雨的前兆。究其原因，則是每次下雨之前，金殿內空氣中所含的水份，受氣壓改變的影響，激烈地撞擊、移動，遇冷凝結，聚合為水珠，佈滿神像，好像『出汗』一樣。

海馬吐霧：金殿裝飾的海馬，有時竟能口中吐霧，並呼呼的對天長嘯，傳說這是海馬在召喚雷雨來『煉殿』。原來這海馬內部是空的，體內充滿了濕度很大的氣體，雷雨前，氣候悶熱，冷暖氣流上下交替劇烈。由於日光的曝曬，海馬體內的氣體受熱膨脹，便自口中吐出，在外界冷空氣的影響下，凝聚為水霧，看起來就像海馬吐霧一樣。那海馬的長嘯聲，也是上下交替的氣流與馬口互相摩擦產生的。

雷火煉殿：每當雷雨交加時，金殿周圍，電閃雷鳴，無數盆大的火球在金殿四周滾動，使人驚心動魄。相傳，這是天帝唯恐敬香的信士染髒了金頂；又怕有人偷走金殿內的寶貝，便派雷公雨師前來洗煉金殿。一為保持金殿清潔，二是把金殿內的寶貝冶煉得更加結實，三為警告圖謀不軌的小人。其實，雷電是一種自然現象，『雷火煉殿』對金殿是有害的。金殿脊坡上，至今還留有許多被雷電燒灼的小黑點，石殿基及周圍的古建築，也曾多次被雷電擊壞，為確保金殿的安全，現在金殿上已安裝了避雷網。『雷火煉殿』的現象也隨之消失了。

平地驚雷：雷雨時，在金頂瞭望，上為澄清碧藍的天空，下為波濤浩瀚的雲海，千山萬壑，閃電雷鳴，響聲驚天動地，猶若炮火震天的戰場。

武當雲海：雨過天晴之際，在金頂常常可以看見無邊白雲，恰似大海漲潮，波瀾壯闊，一座座雲峰如小島躍出海面，隨波沉浮，隱現莫測。

神松迎賓：金殿背後和南天門外，各有一株古松，相傳為神松，扎根石縫，挺拔俊秀，虬枝平伸，猶若張臂迎賓。

十二、瓊臺景觀

瓊臺景區包括老君洞、八仙觀、上觀、中觀、下觀等景點。如今遊客少至，尚待開發。由太子坡景區老君堂沿另一公路上行約一公里多的地方是老君洞，再下行零點五公里為八仙觀，再沿公路前行至大轉彎，由大轉彎沿山間小道行約四公里便到瓊臺。這裏原建有上觀、中觀、下觀，現已大部廢圮，僅存遺址和部分古建築。還有一座元代古殿尚存，石上刻『瓊臺受册』、『仙跡風流』等字樣。在這裏還存有武當山最大的真武石像，以及元代的一些殘碑斷碣，是研究武當山的重要史蹟資料。在《武當山風景區總體規劃》裏準備要擴寬老君堂至大轉彎的公路，再從大轉灣沿等高線延長約四公里路至瓊台觀，再從中觀架設登山索道至太和宮，使登金頂的路線成為環狀。

十三、五龍宮

五龍宮位於五龍景區內。五龍景區同其它景區不在一條線路上，但它是武當山建築最早，別具一格而引人入勝的景區。到五龍景區有兩條路，一條從武當山鎮沿故道，經蒿口的行宮、仁威觀、步行十五公里到五龍宮；另一條從南巖古道經上、中、下院，過駙馬橋，步行十五公里也可到五龍宮。

五龍宮在天柱峰的北面，位於五龍峰前，它的前面是金鎖峰。相傳唐貞觀年間（公元六二七—六四九年）均州太守姚簡上武當山祈雨，見有五龍從空而降，即在此建五龍祠。宋代改名為『五龍靈應之觀』，元至正二十三年（公元一二八六年）陞觀為宮，改稱『五龍靈應宮』，元仁宗時（公元一三一二—一三二〇年）加賜為『大五龍靈應萬壽宮』，元末毀於兵火。

明永樂十一年（公元一四一三年）在舊址重建殿堂二百一十五間，賜額『興聖五龍宮』，到嘉靖時擴建到八百五十間。民國十九年（公元一九三〇年）又毀於火。現存宮門、紅牆、碑亭及泉池、古井等。

進宮門後為龍虎殿，現存青龍、白虎神像左右侍立，魁武威嚴，比紫霄宮的青龍白虎神像更為生動傳神。出宮門，有兩牆夾道九曲十八折。上有『元君殿』、『啟聖殿』等遺址，九重石階，崇臺遞昇，前五重為八十一級，後四重為七十級。元君殿基地中部漢白玉須彌座上，供奉真武銅鑄鎏金神像，鑄工精細，像高一點九五公尺。殿前有天池和地池，二水從龍口吐出。宮中有五井，相傳一井打水，五井皆動聲波，井内住有五龍，名五龍井。左為『五像殿』，從前殿內供有玉石神像五尊，沉香木像一尊。殿右山坡大林下，尚存元至正四年

（公元一三三八年）所立《大五龍靈應萬壽宮碑》及大量明代碑刻，記述本宮興廢始末。宮南有五代末高道陳摶所居之誦經臺。從左宮門登山，為『神梅臺』。五龍宮的周圍有紫蓋、松蘿、五羊、青羊諸峰，飛雲、瀑布二澗，以及白龍洞、華陽巖等名勝。環境清幽雅浄。

（二）武漢長春觀

長春觀位於武昌大東門外雙峰山南麓，為我國道教著名十方叢林之一。

相傳在古代，此地因多松而稱之為『松島』，秦漢以後，始有『先農壇』、『神祇壇』、『太極宮』、『太清觀』之稱，傳説老子曾到過這裏。元朝時，據説道教全真龍門派祖師邱長春曾來此修道，其弟子始建『長春觀』。清咸豐元年（公元一八五一年）因遭兵燹，長春觀被毀。清同治三年（公元一八六四年），全真龍門派第十六代宗師何合春從武當山來此發願，四處叩募，廣修大德，並得到當時官署的捐助，又仿明代建築形式重修了長春觀。

長春觀一九五七年由武漢市政府列為市級文物保護單位，一九八二年被國務院定為全國道教重點宮觀之一。從一九八二年春開始，現已修葺重建好山門、靈宮殿、太清殿、七真殿、三皇殿、會仙橋等部分殿堂，並重塑神像多尊，繪製大型壁畫多幅。

長春觀靠蛇山而建，坐北朝南，整座殿宇共分五進，從下而上，層層遞進。進山門後第一殿，便是紅牆青瓦的靈宫殿，這座靈宫殿為一九五八年重修，原殿因建造武漢長江大橋拓寬路面而拆除。殿内供奉道教護法神王靈官站像，像高五尺餘，三眼紅鬚，金嘴銀牙，足踏風火輪，右手持鞭，左手掐訣，身着金鎧甲，威風凛凛。

轉過靈官殿，是一敞闊小院，院内栽種花草及兩株大白果樹。院内正中有一巨鼎。此處原建有二聖殿，内供關羽、岳飛，民國初年毁。穿過小院拾級而上是太清殿，殿門前階梯中嵌鑲有雕刻精細、形態逼真的五龍捧聖石雕一塊。殿門匾額『太清殿』三個大字為著名書法家黄競書寫。殿柱上有一楹聯，聯文為：『功德在人間乾元資始品物流行柱下函關原一氣，虛無是道體楚相有為忝珠盡挹降生説法見三清。』殿内神龕上供奉道教始祖太上老君的金飾神像，兩旁陪供有莊子和尹喜神像，神像均高達丈餘，神態端莊慈祥。殿内壁上繪有孔子問禮、老子修真、講經説法和出函谷關内容的大型彩色壁畫。穿過『閬苑』、『蓬壺』兩月門沿花徑小路，就到了七真殿。

七真殿原為古神祇壇，民國二十年（公元一九三一年）改為紫微殿，一九八八年修建長江大橋時，將吕祖閣内的五百靈官全部搬遷至此，一九八二年易名為七真殿。殿内供奉道教全真教的七位真人，他們是邱處機、馬鈺、譚處端、劉處玄、王處一、郝大通、孫不二。七真殿是觀内道衆日誦經典聚會的地方。在七真殿的左邊，是功德祠，在功德祠的壁上，嵌鑲着題為『長春瓊璣』的天文全景圖壁碑。碑圖上部刻有『諭旨』二字，襯以蟠龍祥雲，中部繪有二十八宿星座，下部刻有『天皇寶誥』四字。碑座高二百零七公分，寬八十五公分。是著名道長李理安在三十年代重刻的。在七真殿後，登石階即上觀內的『地步天機』。此處原刻有『洞天一品』石額一方，與蕭耀南所贈的『同登道岸』木匾額互相輝映。

由左右分級而上即到『會仙橋』。橋身為石級砌成，橋涵呈半圓形，相傳在殿內遇不見道人，若是在會仙橋上遇見了道人，即有『仙緣』。會仙橋的左側有呂祖殿，殿內供奉八仙之一的呂洞賓。在殿左右還有來成樓、道藏閣等古跡。越過會仙橋再向上攀，則是長春觀最高的三皇殿。三皇殿原為古先農壇，民國二十年（公元一九三一年）改名。大殿紅牆碧瓦，內分二層，樓上供奉玉皇，樓下供奉伏羲氏、神農氏、軒轅氏三皇。

此殿為長春觀的最高點，一九二六年北伐時，葉挺獨立師曾設立前線指揮部在這裏；鄧演達在此督戰時，軍服曾被子彈打穿。人們在這裏俯首下看，只見長春觀殿宇依山，層層遞進，氣派宏偉，風景秀麗，縱目遠望，武昌大東門車水馬龍，鐵路高樓盡收眼底。

今天的長春觀，不僅是一座道教的宗教活動場所，而且是一處景色清幽，建築典雅的遊覽勝地。長春觀並以精美的素齋聞名於武漢三鎮。

七、老君西出函谷關

（一）周至樓觀臺

樓觀臺位於陝西省周至縣城東南二十五公里的終南山麓，距西安市七十公里。相傳樓觀臺是我國道教最早的宮觀，被尊為道教發祥地之一。據《終南山説經臺歷代真仙碑記》載，樓觀起始於周康王時代，相傳當時尹喜在此結草為樓，觀星望氣，因而初名『草樓觀』。魏時已見記載，《樓觀傳》謂：魏元帝咸熙初（約公元二六四年），道士梁諶事鄭法師於樓觀。該觀增建於秦漢，據《混元聖跡》載，秦始皇二十八年壬午年（公元前二一九年）封禪泰山後，即在樓觀之南修築清廟，祭祀老子。又傳說漢武帝於說經臺北，建造老子祠。唐代進行擴建，唐王朝尊奉老子為始祖，唐高祖時，賜地十餘頃，修建宗聖宮，宮內供奉老子像，並以帝像陪祀。武德三年（公元六二〇年），改樓觀為宗聖觀；武德八年（公元六二五年）建《大唐宗聖觀記》碑。

樓觀巨殿崇觀相屬，亭臺樓閣勾連，更秉終南千峰疊翠，清泉溪流縈繞，青松挺拔，竹林茂密，景色幽美，故這裏素有『仙都』、『洞天之冠』和『天下第一福地』的美稱，還有『關中河山百二，以終南為最勝，終南千峰聳翠，以樓觀為最佳』之說。

道教傳說，老子騎青牛西行，途經函谷關。當日函谷關令尹喜，登樓望氣，忽見天空紫氣東來，吉星西行，他預感必有先聖過關，於是前往迎老子來到樓觀，執弟子禮，請著書，老子遂以《道德五千言》授之。

東漢順帝（公元一二六—一四四年）年間，天師張道陵在四川鶴鳴神山創立五斗公尺道時，奉老子為教主，尊老子為太上老君，就以《道德五千言》為主要經典。魏晉南北朝時，這裏高道雲集，樓觀成為當時的道教勝地。並形成了在當時頗有聲譽的『樓觀道』，大倡『老子化胡』之說。後世道教中的混元派和尹喜派都是淵源於此。《終南山說經臺歷代真仙碑記》稱：樓觀為天下道林張本之地。認為是道教最早的宮觀。

唐代古樓觀的中心是宗聖宮。唐武德年間（公元六一八—六二六年），在說經臺以北二里處的西巷村東修建，當時主要建築有文始、三清、玄門等殿宇，還有紫雲衍慶樓和景陽樓，以及真官堂、齋心堂、亭、臺、池、洞等五十餘處，常住道衆二百餘人，成為古樓觀的中心。《關中勝跡圖誌》記載，樓觀在明末時期的景象是：觀前為四子堂及文始、三清二殿，再進為望氣樓，右殿曰景陽，有丹井，左殿曰寶章，後為宗聖宮，宮内林木翠繞，臺居高崗之上，曰說經臺，樓殿凌空，金碧溢目。樓觀雖經歷代修葺，但屢遭天災兵燹，至清末，宗聖宮僅存殘垣斷壁，一片廢墟。樓觀中心便由宗聖宮轉移到說經臺。清末以後，樓觀臺便專指說經臺了。

樓觀古有三臺之說，元代古樓觀集聚了許多有名道士，為實現老子『一氣化三清』之說，觀覽山勢，確立三臺之稱，稱東臺為元始臺（今之仰天池）；西臺為靈寶臺（今之西樓觀臺）；中臺為道德臺（今說經臺）。後人又將東臺與中臺合稱為東樓觀臺（即道德臺），靈寶臺稱西樓觀臺，屬東樓觀臺下院。樓觀臺現存道教遺跡老子墓、說經臺、煉丹爐、化女泉、上善池、仰天池、呂祖洞、吾老洞、宗聖宮、鎮仙寶塔、古銀杏樹、繫牛柏、三鷹柏等。

在西樓觀臺的東北方（就峪口遇仙橋以西）有一座橢圓形的墓，人稱為『老子墓』，冢方四公尺，佔地二十平方公尺，墓前有清代畢沅書『老子墓』的碑石已殘缺。在西樓觀臺的頂峰有一洞，名『吾老洞』，洞内方圓不過一丈。《周至縣誌》說，此為老子藏丹之地，又說裏面有一石匣，匣内裝有老子頭骨。據當地人傳說，此洞很深，一直可以通到四川。洞門上

『吾老洞』三字為清乾隆年間鐫刻。洞的上面有一老君廟。宗聖宮遺址距説經臺北二里。如今宗聖宮已不復存在，其遺址上留有稱為『樓觀九老』的古柏和古銀杏，其偏東的一棵古柏據説為老子當年入關時繫牛的『繫牛柏』，樹下一石刻卧牛為元代所刻。遺址上還有歷代碑石數通，其中有元代的《大元重建宗聖宮記》碑、《先師碑》、《繫牛碑》、《尹真人碑》、《重修文始殿碑》等，均是我國古代碑石珍品。

遠望遺址西南隅有三隻昂首展翅，姿態各異，活靈活現的蒼鷹站在樹上，若走近細觀，原來是樹上的三塊結瘿。人們便稱之為『三鷹柏』，並將那遍山的翠竹和古銀杏樹，合稱為樓觀臺的『三寶』。

説經臺，是現大樓觀臺的中心。傳為老子為尹喜講授《道德五千言》的地方。它建在海拔五百六十公尺的峰頂，南依秦嶺，北瞰渭水，山峰叠巒，氣勢雄偉，茂林修竹，風景迷人，更兼説經臺庭院古木參天，清净幽雅使人如臨仙境。宋蘇軾曾有詩咏道：此臺一覽秦川小，不待傳經意已空。

説經臺下有一八角亭，亭下有石碑一通，為趙孟頫書《上善池》碑。亭側有石砌小水池，池内壁有一張口石龍頭，口中吐水，使池水終年不斷。亭對面有一亭，内一石碑，碑面為樓觀圖，碑背為乾隆五十九年（公元一七九四年）立《重修樓觀臺宗聖宮碑記》。兩亭前面為説經臺大門，大門匾額為石魯題『説經臺』。

門內左右共有十七通石碑，其中主要的有唐武德九年（公元六二六年）立歐陽詢撰文的《大唐宗聖觀記》碑、開元五年（公元七一七年）立貟半千撰文的《大唐尹尊師碑》（碑背為延陵吳琚書《天下第一福地》）元至元十九年（公元一二八二年）立《終南山宗聖宮主石公道行記》碑、皇慶元年（公元一三一二年）八月立李道謙撰文《樓觀大宗聖宮重修說經臺記》碑及《重修終南山古樓觀說經臺記》碑、《重修說經臺記》碑等。

沿石階盤道，蜿蜒而上，在山門下有一座靈宮殿，坐東向西，門額題『靈宮殿』，兩旁楹聯文為，『存心邪僻任爾燒香無點益，持身正大見吾不拜有何妨。』殿內左右壁上掛有春、夏、秋、冬四季功曹畫像，並有一聯，聯文為，『百丈金身開翠壁，五千文字閟瑤緘。』殿內祭壇上供奉着道教護法神王靈官，兩旁為待者，並有一聯，文為『神目極明明天下未明之事，聖心至正正世上不正之人。』

出靈官殿順石階而上，右山壁刻有『洞天福地』四個大字。在山門的左右是鐘樓和鼓樓。站在山門前放目南望，就會看到南面峻峰上，有一座八卦形的老子『煉丹爐』。臺的東南方有一個當年老子打鐵粹火的『仰天池』，池的附近有老子修真養性的『棲真亭』；臺的西邊有泉，傳說是老子考驗弟子徐甲，插杖成泉的『化女泉』，其泉水清冽，至今仍供周圍羣衆飲用。

山門正中有一直匾額，上為楊隆山書『老子祠』。進山門內上方有二匾額，一為『紫氣東來』，一為『洞天福地』。在山門左邊兩通碑為《德經》、《道經》。右邊兩通碑為高翻梅花古篆書《道德經》。更為可貴和馳名的為刻在梅花古篆碑側面和《道經》碑側面的道教古文字聯，聯語共十四字，人說為太上老君作的十四字養生訣聯、聯字文為：

⿰身賣　⿰舟冉　戾　桎　愈　⿰牛萬　⿱𦥑豕

⿰足青　僔　⿰亻⿱去心　珹　渀　侉　⿺几直

以上聯語，按當地道士說法，應讀作：『玉爐燒煉延年藥，正道行修益壽丹。』是道教養生修煉的秘訣。

進山門兩邊為配殿，四聖殿和太白殿分列兩廂。兩殿皆為三開間硬山式建築，四聖殿內供奉莊子、列子、譚子和文子；太白殿內供奉太白金星。正中為老君殿，老君殿為三開間歇山式建築，它建在庭中一四方形臺階上。殿門上匾額『配極元都』為福州沈覲壽書，兩旁還有兩道匾額，一為『道尊德貴』，一為『其猶龍乎』。

殿柱有楹聯一，聯文為：『福地有真人間揮道子傳神筆，清池開上善認取仙家種壽仙。』殿內供奉道教祖師太上老君。徐甲、尹喜配供兩旁。殿後一匾，為楊隆山書『青玄上帝』。殿前一鐵香爐為明萬曆十一年（公元一五八三年）鑄造。老君殿後院中間，有一臺八角形的石碾盤，傳說這是女媧氏煉五色石補天時，留給老君的那一塊，老君將它帶回樓觀臺，做了一個碾長生不老丹的藥碾子。曾有詩讚道：『女媧煉石曾補天，留下一塊贈老聃。玉爐燒煉延年藥，響壁碾出益壽丸。』

過翠華門後是斗姥殿，又名藏經樓，為五開間歇山式建築。始建於元，現建築為一九八二年重建，殿內供奉斗姥元君。殿前一香爐為明弘治十一年（公元一四九八年）造。殿前兩廂有新修的碑廊，收集了一些歷代名人的書畫石刻。

在樓觀臺北邊還有一殿為救苦殿，殿前石碑為明萬曆丙午（即萬曆三十四年，公元一六〇六年）立《說經臺創建救苦殿記》殿內供奉太乙救苦天尊，兩旁是文殊真人、普賢真人。殿內兩邊還供有十大靈寶天尊，左邊有玄真萬福、好生度命、玉寶皇上、度仙上聖、玉虛明皇等五天尊；右邊是玄上玉宸、無量太華、太妙至極、太靈虛皇、真皇洞神等五天尊。

樓觀臺處於終南山麓，幽邃林泉，山清水秀，又有周秦遺墟、漢唐故跡可尋，歷代文人墨客多來遊覽參拜，留下不少文物古跡。陝西省政府列為重點文物保護單位。一九八二年被國務院定為全國道教重點宮觀之一。

近幾年來，在政府和文物部門的支持和配合下，說經臺已修整恢復舊貌，宗聖宮遺址也進行了初步復修，文物古跡得到保護，吸引了不少善男信女和中外遊客前來參拜遊覽。

(二) 華山道觀

華山是我國著名的五嶽中的西嶽，位於陝西省華陰市（原華陰縣）南，海拔約二千二百公尺，屬秦嶺東段。乘火車到華山車站下車，沿鐵道東行一公里，就到華山。《水經註》上説，遠而望之若花狀，西方為華山，少陰用事，萬物生華，故曰華。又因其西有少華山，所以又稱為太華山。

華山主要由東峰（朝陽）、南峰（落雁）、西峰（蓮花）、北峰（雲臺）、中峰（玉女）五峰組成。其中主峰落雁、朝陽、蓮花三峰崢嶸聳峙，鬼斧神工，有壁立千仞之勢。南峰不僅為華山羣峰中最高峰，也是五嶽中最高的山峰，峰頂有池水一泓，名曰仰天池，池水常年清澈不涸。玉女、雲臺二峰雖然没有東、西、南三峰高，却也各具姿色。

風景秀麗的華山，不僅是我國著名的遊覽勝地，也是道教有名的『洞天福地』。華山怪石林立，邃洞遍佈。其中華山洞，又名太極總仙洞天，在三十六小洞天中為第四洞天。另外還有蓮花洞、玉皇洞、太上洞、賀老洞、迎陽洞、希夷洞等等。

華山作為人們崇敬和拜謁神祇的場所由來已久。其歷史一直可以追溯到遠古時代。相傳堯舜及周武王都曾巡狩華山。《莊子·天地篇》中『華封三祝』就是講堯巡狩華山，華封人祝其長壽、富貴、多男子的故事。《尚書》中則有舜巡狩華山的記載。華山歷來也是道教徒嚮往的修煉之地，歷代著名的道士、隱士修真養性的遺址和文物遍佈山中，至今當地還流傳着這些人的許多神奇傳說和故事。據説古代神仙馮夷、青烏公、毛女、赤斧、古丈夫、簫史、弄玉、三茅真人等等，都是在華山成仙得道的。漢魏六朝以後，來華山隱居修道之士更多了，其中最著名的是北魏時的寇謙之和北宋的陳摶。

北周武帝時，有道士焦道廣，在華山雲臺峰獨居，避粒餐霞。唐代是道教最興盛的時代，唐高祖、唐太宗都曾親臨華山拜嶽。據説唐睿宗的女兒金仙公主曾在華山修道，唐玄宗為她在山脚下和大上方修了仙姑觀、白雲宮。玄宗封華山為『金天王』，並敕建了高五丈、寬丈餘的華山石碑。

據説唐、五代時著名的鍾離權、呂巖、劉操也都遊歷過華山，或在華山隱居修道。至宋，由於著名道教思想家陳摶與華山的關係，使華山在道教史上的地位更加突出。

陳摶是著名的學者又是道教的大師，為四川安嶽人，他的思想對後來道教有很大影響。陳摶在華山先後居住約四十餘年，他的主要著作《指玄篇》、《釣潭集》、《無極圖》、《先天圖》等據説都是在華山寫成。華山還留傳他與宋太祖趙匡胤下棋，趙匡胤將華山輸給了他的故事。華山現在還留下不少與他有關的遺跡，如玉泉院、希夷洞、雲臺觀、希夷峽、下棋亭等等。他的弟子賈得昇、張無夢及再傳弟子陳景元都是宋代有名的道士。陳摶還被奉為道教『老華山派』的祖師，被稱為『陳摶老祖』。

金元時，王重陽創建全真道派。自全真派興起時，華山即是全真道場。王重陽的弟子王處一、譚處端、郝大通都在華山長期居住過。王處一曾居華山修道並撰《華山誌》一卷，開創全真崙山派。郝大通在此開創全真華山派，華山如今也還保留不少有關他的遺跡。元道士賀志真，曾師呂通明、白雲綦學道，後於華山開鑿朝元洞，如今從南天門向前走過華山險關——長空棧道，還可以看到當年賀志真靜修的賀老洞。明代為華山道教最興旺的時期，那時華山廣建中觀，修建登山道路，香火盛極一時。華山現存的石洞多為明代開鑿，舉目所見的摩崖題字也多是明代鐫刻。明王朝設有道籙管理道教事務，華陰縣也設有道會司。華陰地方的道職，多由華山道士承擔。

華山道教宮觀很多，歷史也很悠久，據傳説早在漢武帝時就建有集靈宮。唐朝以後，山中道教宮觀就更多了，但由於年代久遠，天災人禍，如今保留下來的道教廟宇多為清代重建。華山歷來以奇險著稱，奇峰峭壁，險徑危石，令人怵目驚心，在華山上修建廟宇就更為艱難，所以山上廟宇一般規模不甚宏大，多依山勢而建，別具風采。

從山下玉泉院（一九八二年定為全國道教重點宮觀）登山，過五里關、莎羅坪、毛女洞就到青柯坪。青柯坪在西峰脚下，是華山峪中唯一的山間盆地，站在青柯坪舉目四望，諸峰環列，瀑布天垂，泉水淙淙，蒼松挺拔，蔚成奇景。此有東道院（一九八二年定為全國道教重點宮觀）。西道院、通仙觀等廟宇，有『梅花洞』、『雪花洞』等巖壁石洞和明代學者馮從吾先生講學的『太華書院』等。

在青柯坪還可從周圍羣山中欣賞到『華清八景』。從青柯坪向上，經過回心石到千尺幢。千尺幢鑿在幾乎直立的石壁上，十分險要，必須攬鐵索助以攀登。過百尺峽後就是羣仙觀，這裏正當登山路口，地形險要，是登山者必經之處。再向上就到了老犁溝，相傳太上老君到這裏時，見民工開山築路艱難，於是驅其青牛，一夜犁成此道，因而得名。老君犁溝的西邊是深邃的幽壑，東邊為陡峭的石壁，自下而上約五百七十個臺級。北峰，又稱雲臺峰。它雖然沒有其它幾個山峰高，但山勢峥嶸，三面懸絕，白雲繚繞，巍然獨秀。峰頂地勢較和緩，依山而建的真武宮北靠峰頭，東西兩側均臨絕壁，只有南面一條沿山脊的通道。通道上有兩座碑樓，其中橫楣鐫有『北峰頂』三字。

北峰向上便是蒼龍嶺，這是一條寬約一公尺，長達一千五百公尺的山道，其形同花龍，中間突起如龍背，兩邊為深谷，嶺脊東側是黃浦峪，西側是華山峪，峪底到嶺脊高差五百公尺以上。傳說唐代韓愈到此膽戰心驚，自度不得生還，遂寫下遺書投擲崖下，至今這裏還有『韓退之投書處』的古跡。嶺下有龍王殿，住有道士。

過擦耳巖、上天梯，就到王母宮。王母宮是一座寬三間，背西面東的殿堂，內供奉西王母，住有道士。由金鎖關後可到中峰、東峰、南峰及西峰。中峰又名玉女峰、神女峰，傳說秦穆公的女兒弄玉和簫史曾在此隱居。勝跡有玉女祠、玉女洗頭盆、玉女室、玉女梳頭臺等。

玉女祠建在峰頂巨大花崗巖石上，祠內供奉玉女像，祠外有一棵很大的『元根樹』。祠前有一石臼，稱玉女洗頭盆，臼水清澈碧綠，大雨不溢，久旱不枯，附近題刻甚多。峰下西側有一山間窪地，有許多名勝古跡，如玉井、二十八宿潭、鎮嶽宮（一九八二年定為全國道教重點宮觀）、蓮花坪、水簾洞等。

東峰，又名朝陽峰，因峰頂有朝陽臺，可觀日出景色，故名。峰頂斜削，絕壁千丈，極目遠眺，羣山逶迤，大河如帶，千里江山盡收眼底。峰東北懸崖上有一條七公尺左右的天然溜痕，黃白相間，遥望酷似巨掌，五指參差，中指直貫峰頂，在陽光照耀下，閃出五彩，猶如指骨，故名『仙掌崖』。峰北端有『楊公塔』，塔東面有楊虎城將軍筆跡『萬象森羅』四字。峰盡處有『三茅洞』、『清虛洞』。峰東側小孤峰，頂平坦如臺，名叫『摶臺』，相傳是宋代開國皇帝趙匡胤與陳摶老祖下棋的地方。南峰，又名落雁峰，為一峰二頂的駝形山峰，是華山的最高峰。峰頂有仰天池、老君洞、楊公亭等，南峰的南天門處有雷祖殿，內供奉雷神，住有道士。

過華山險關——長空棧道，可到朝元洞和賀老洞。距洞旁十公尺的崖壁上鎸有『金真巖』三個大字。每字大二公尺多，筆法蒼勁，刻工精湛。長空棧道、賀老洞和金真巖是華山頂峰的三大奇蹟。南峰還有老子峰、煉丹爐、卜卦池等道教勝跡。西峰，又名蓮花峰，因峰頂巨石狀若蓮瓣而得名。西峰有斗姆殿、翠雲宮。翠雲宮又名聖母院，宮內供奉華山三聖母塑像，宮旁有巨石開裂縫隙，寬零點六六公尺，從側面向裏看，可見雙手支持的印痕，俗稱『斧劈石』。石旁插有約二公尺高的月牙形鐵斧，斧柄鑄有『仙家寶斧，七尺有五，賜於沉香，劈山救母。』字樣。神話『寶蓮燈』中沉香劈山救母的故事，相傳就發生在這裏。

華山除玉泉院、東道院、鎮嶽宮等全國重點宮觀和上面有部分宮觀外，主要還有純陽觀、仙姑觀、雲臺觀、西嶽廟等，住有道士。

過去華山道路奇險難走，陰雨天常出事故，隨着華山旅遊區的開放，國家撥款重新修整了山中的道路，主路和環山路都用石鋪拓寬，險處置樁加索鏈，逢澗架橋，以保登山安全。目前國內外遊人日益增多。

一、玉泉院

玉泉院位於華山北麓谷口，為登華山必經之地。院內有清泉一股，相傳與山頂鎮嶽宮玉井潛通，泉水清洌甘美，玉泉院便以此得名。據《華嶽誌》載，玉泉院為陳摶隱居修真之處，宋皇祐年間（公元一〇四九－一〇五四年）陳摶弟子賈得昇為其建『希夷祠』以祀，其後歷代修葺。清康熙四十二年（公元一七〇三年）被山洪沖毀，乾隆四十二年（公元一七七七年）陝西巡撫畢沅令華陰知縣陸維垣重建，規模勝於前代。光緒年間再次被山洪沖毀；一八九四年知縣梁承馨督工重建。一九五九年政府撥款維修，並向東擴建了長廊。一九八五年華山道教協會集資維修，並使東部建築與西部建築相對稱。如今院內的亭臺樓閣，雕樑畫棟，煥然一新。

玉泉院大門匾額為郭沫若書『玉泉院』。進大門西邊有一大石，上刻『利他、人類平等、水利救民』，為一九四一年馮玉祥書。沿石階而上為山門，匾額亦為郭沫若書『玉泉院』。進山門建築分中、東、西三部分。中間為主體建築『希夷祠』，它是一座四合院式的庭堂建築。前殿第一臺階西邊石碑為宋真宗大中祥符三年（公元一〇一〇年）立賈得昇撰書的《建醮碑》；東邊為明懷宗崇禎戊辰（即崇禎元年、公元一六二八年）立的李白、杜甫、王維咏華山的詩碑。第二臺階西邊為大書法家公尺芾書寫《第一山》石碑；東邊碑刻為太華全圖。前殿匾額為清光緒皇帝御筆『古松萬年』。殿内供奉全真教華山派祖師郝大通。塑像後懸匾額『紫氣新輝』。

過前殿後一庭院，兩邊為華山道教協會及道教服務社。正中為大殿。殿門匾額為慈禧太后御筆『道崇清妙』，兩邊楹聯文為『初地入神山到此且厲清酌水，九泥通古塞望中見歸馬放牛』。殿内供奉陳摶老祖，塑像上懸『夢遊羲皇』匾額。玉泉院東部有華佗墓、迴廊、八卦亭、三聖母殿等建築，往東還可接十二洞。東部還有幾塊巨石，一石上有明萬曆癸未（即萬曆十一年，公元一五八三年）題刻『太素元精』四字，及民國二十七年（公元一九三八年）提刻『復興中華民族』；一石上有明嘉靖壬子（即嘉靖三十一年，公元一五五二年）題刻『三峰插秀』、萬曆丙午（即萬曆三十四年，公元一六〇六年）題刻『蓬萊仙景』。

玉泉院西部有迴廊、石舫、無憂亭、含青亭、希夷洞、山蓀亭、涼亭等建築，還有假山、池塘等。山蓀亭立於巨石之上，傳為陳搏所建，巨石上刻有『文岡登覽』及『陝西轉運副使游師雄元祐九年（公元一〇九四年）正月二十三日觀太華三峰』等大字。亭旁的無憂樹亦說為陳搏手植。希夷洞內有宋代石刻的『一睡八百年』陳搏老祖卧像，石像雕刻精美，栩栩如生。石像下的地面上鐫刻有：『崇寧癸未（即宋徽宗崇寧二年，公元一一〇三年）三月』的題記。洞外有一石碑為民國二十七年（公元一九三八年）所立《抗戰陣亡將士紀念碑》。

玉泉院一九八二年被國務院定為全國道教重點宮觀之一。院內風景秀麗、古樹虬蟠、亭榭樓臺、清泉繞流，還保存有歷代名人撰寫的碑碣、題記、匾額等文物。現為全真道十方叢林，道侶衆多，香火甚旺。

二、東道院

東道院，原名九天宮，位於青柯坪，在華山谷口內約十公里處，恰為登山路程的一半。從華山谷口至青柯坪，一路崎嶇狹塞，至此谷道忽盡，豁然開朗。從青柯坪北眺秦川渭水；

南望蓮花峰、鳳凰山；東有雲臺峰、聚仙臺；西看北斗坪、獅子嶺，四周山色浮蒼點黛，環境幽静。在青柯坪可欣賞到的『華清八景』即：南邊的『水簾洞』及其洞上由流水印痕形成的『和合二仙』；西南峰頂的『二仙下棋』、『白馬過橋』、『壽星石』和『鳳凰單閃翅』；西邊獅子嶺上的『獅子滚繡球』；西邊遠處大上方崖頂的『金龜戲玉蟾』等。

現在的東道院為康熙五十三年（公元一七一四年）道士郞禮慧所創，一九五〇年重修一次，一九八二年再次重修。廟宇坐東朝西，依山而立，規模較小，僅正殿三間，内祀『九天玄女娘娘』。東道院北有唐槐，婆娑多姿，生意盎然，南有元代開鑿的梅花洞。一九八二年被國務院定為全國道教重點宫觀。現為玉泉院的下院，屬全真道徒修真之處。

三、鎮嶽宮

鎮嶽宮，舊名上宫。在華山東峰、南峰、西峰之間的一片山谷中。谷内松林蔭翳，異常清幽。為華山『二十八宿潭』的第一潭處。

鎮嶽宮前有『玉井』，深三十公尺，水味甘醇，其上築樓。據説玉泉院之清泉，即與此井相通。鎮嶽宮為華山諸峰間較大的宫觀，倚峭壁而構築。據『大元已亥韓道善重修玉井庵』殘碑所記，鎮嶽宮元代時稱『玉井庵』。清代擴建殿堂，改稱『鎮嶽宮』。

一九八二年再次重修，並擴建了殿堂。宫中正殿供奉西嶽大帝少昊金天氏，西有藥王洞，祀奉『藥王』神像。一九八二年被國務院定為全國道教重點宮觀之一。鎮嶽宮為全真道活動場所，為玉泉院下院，曾有全真道徒在此清修。一九九一年因附近商店失火延及，高山滅火困難，該宮被焚毀。

四、西嶽廟

西嶽廟位於華山脚下東北方向約七公里，西距華陰市二點五公里。原位於嶽廟鄉東的黃神谷。北魏興光元年（公元四五四年）遷於現址。北周天和二年（公元五六七年）及唐開成元年（公元八三六年）均曾修葺；北宋建隆二年（公元九六一年）又大修；明清兩代曾多次修葺，其中清乾隆四十二年（公元一七七七年）的工程量最大，歷時三年才告成。

現存殿宇僅為中軸線上的部分建築，有灝靈門（即山門）、五門樓、欞星門、金城門、灝靈殿（正殿）等。其餘配殿、寢宮、萬壽閣、御書樓、周垣角樓及東西院等均已頹毀。西嶽廟佔地面積有一百八十六畝。其形制與北京的故宮相仿，四周圍牆全用磚石砌成，氣魄壯麗，如一座堅固的古城。廟內殿閣相連，碑石林立，古柏參天，曲徑花廊，景色幽雅，素有『秦關明珠』之稱。

灝靈門是廟的山門，為高大的磚石城垣形式，與天安門相仿。山門後有五門樓，亦為高大的磚石城垣建築，類同故宮前的端門。後為欞星門。再往後為金城門，面闊五間，進深三間，單檐歇山式建築，上蓋琉璃瓦。雖經明、清多次重修，但斗拱配置疏朗，形制古樸，保存了許多早期的建築風格。灝靈殿為西嶽廟的主殿，建在四周用條石砌成的月臺後面，面闊七開間，進深五間，單檐歇山式建築，上蓋琉璃瓦，周圍設有迴廊。月臺院前，有八角形碑亭及畢沅所建四方形重樓式的御碑樓。

廟的最後面是萬壽閣遺址，正對灝靈殿。現臺基保留基本完整，柱石仍保留原地。臺基有石階，登上可俯瞰廟内全景，或遠眺華山。

廟内碑刻很多，現存的有北周天和二年（公元五六七年）刻《西嶽華山神廟之碑》；宋慶曆七年（公元一〇四七年）程琳謁祠題刻；明嘉靖重刻《唐玄宗御制華山碑銘》；明刻《太華山記》石幢和《華山卧圖》，在圖首還刻有王維、李白、杜甫、韓愈、陳搏等人的題詩；清康熙時刻《華山圖碑》；乾隆皇帝御書『嶽蓮靈樹』石額及乾隆時刻《西嶽全圖碑》等。

西嶽廟一九八八年被國務院列為全國重點文物保護單位。

（三）西安八仙宮

八仙宮，原名八仙庵，位於西安市東關長樂坊，初創於宋代，在唐興慶宮遺址範圍内，

『文化大革命』前尚留有唐石柱礎。山門外的大牌樓前原立有『長安酒肆』石碑，題『呂純陽先生遇漢鍾離先生成道處』。

據《神仙傳》記載，呂祖初遇鍾離祖師於長安酒肆，經過黄粱夢覺醒感悟入道而成仙，後人在此立祠祀之。宋時相傳在此處地下常聞隱隱雷鳴之聲，遂建雷祖殿以鎮之。後傳説有鄭生在雷祖殿休息時，忽遇八位異人遊宴於此，遂有鄭生在這裏遇到『八仙』的故事流傳。金元之際，全真教盛行，在此大興土木，名曰『八仙庵』，據説那時八仙庵的建築已頗具規模。明時，八仙庵已成為著名的道教宫觀。清康熙初年，著名道士任天然重修殿宇，並擴建東跨院，在此開壇傳戒，將八仙庵闢為全真教十方叢林。後遇其它道士將八仙庵改為子孫廟，取消叢林制度。

至清嘉慶丙寅年間（即嘉慶十一年，公元一八〇六年），著名的河南鄭州乞化道人董清奇入住八仙庵任住持。因董清奇一年四季都是赤足而雲遊天下，時人又稱他為『赤脚董真人』。董在任住持期間，募化集資修葺殿堂，增建西跨院，開壇傳戒，恢復了十方叢林體制。據清道光十二年（公元一八三二年）《十方叢林碑記》載，繼董清奇之後，有留參霞士華山韓合義，又繼而有律師劉合侖，開壇演教，後遂傳戒於朱教先。朱教先任住持期間，創建西花園。同治年間，部分殿堂及院宇古槐柏被焚毁。至光緒二十六年（公元一九〇〇年）庚子之亂，八國聯軍侵入北京，光緒皇帝與慈禧太后逃難到西安，曾駐蹕在八仙庵西花園内，封方丈李宗陽為『王冠紫袍真人』，頒賜『玉清至道』匾額，上有『慈禧皇太后御筆之寶』的御印，並賞銀千兩，增建廟宇；光緒皇帝也書一『定籙仙傳』匾額。慈禧太后敕封八仙庵為『西安東關清門萬壽八仙宮』，從此八仙庵更名為『八仙宮』。

民國二十三年（公元一九三四年），監院唐旭庵得到楊虎城、邵力子等資助，將宮內殿宇進行修繕，並立碑以記其事。一九五八年政府曾撥專款對其進行維修。『文化大革命』期間，八仙宮遭到嚴重破壞。落實宗教政策後，八仙宮得到修復。一九八二年被國務院定為全國道教重點宮觀。在修復中，國務院宗教局三次撥款十四萬元，西安市政府先後撥款二十二萬元，市銀行給予貸款二十萬元，道教界自籌資金一百多萬元。

現修復一新的八仙宮坐北朝南，總建築面積八千二百多平方公尺，宮觀內劃分為中庭和東西兩院。殿堂建築均係明、清兩代風貌，大多為五開間硬山庭堂式建築，雕粱畫棟，金碧輝煌。中庭部分由前至後依次為大照壁、牌坊、商場、山門、靈官殿、八仙殿、斗姥殿。東院建築為呂祖殿、藥王殿、太白殿、厨房院、生活院。西院建築有邱祖殿、監院寮、雲隱堂，市道教協會辦公院。

另外道衆宿舍等分別建在東西兩院各相宜位置上，中庭部分同東西兩院之間有碑廊、厢房相隔。整個建築羣佈局嚴謹，主次有序，威嚴有儀。後院的『蓬萊苑』，以後將建成一個以道教文化為主的多功能活動場所。

牌坊又名欞星門，高十一公尺，寬十二公尺，為五斗七樓的中國傳統牌樓形式，翬飛奐彩，氣魄宏偉。欞星門內兩側是近年新建的卷棚歇山式兩層商業樓房，把欞星門同山門連成一體。山門以内至靈官殿有較為開闊的前庭大院，院内有據道教全真教祖師王重陽甘河遇仙故事建的遇仙橋，以及鍾樓、鼓樓和旗桿，大院的東西兩廂，近年還新建了兩道碑廊，碑廊存列有趙孟頫書寫的老子《道德經》，明代九九山人書寫的長安酒肆詩，岳飛所書的諸葛亮《出師表》，于右任所書的文天祥《正氣歌》，以及宋、明、清及近代的楹聯、詩、文、畫等作品，薈萃了道教理論和傳統文化許多方面内容的書法藝術。

靈官殿的殿門上有邵力子手書『其道大光』匾額。殿為五開間大廳，前有大門，後有小門。前門兩邊門扉全由木雕花齒圖案構成，殿門柱上有一楹聯，聯文為：『糾察三界神人鐵面無私臨破膽，賞罰九天善惡赤心輔政對生寒。』殿内供奉道教護法神王靈官。神像威武兇煞，赤髮、赤眉、赤鬚，額有三目，鋸齒獠牙，一手拿金磚，磚上有目，一手執鞭，一脚置地，一脚踏風火輪，身披金甲，栩栩如生。供桌正面有『萬壽八仙宮』文字，兩旁一聯，文為『蟠桃千歲果，温樹四時花。』殿内兩邊配供有青龍、白虎神。

八仙殿是八仙宮的主殿，殿前庭院有石碑兩通，東邊一通碑為清光緒二十七年（公元一九〇一年）立的《慈禧端佑康頤昭豫莊誠壽恭欽獻崇熙皇太后萬壽碑》；西邊一通碑為民國二十七年（公元一九三八年）立的《重修西京萬壽八仙宮碑記》。殿門中額有光緒皇帝御筆書『寶籙仙傳』匾。殿門柱上有兩幅楹聯，第一幅聯文是：『桂殿仿琳宮珠箔銀屏百二關河凝端色，典章垂柱下琅笈玉函五千道德著名言。』第二幅聯文是『暮鼓晨鍾警醒塵凡黃粱夢東華傳道鍾離授訣廣垂慈度，朱魚清聲朗咏步虛贊洞玄全真閬苑琳宮新輝共仰仙踪。』殿前還有鐵鑄寶塔型丹爐一尊和鐵鑄長方型大香爐一尊。

殿內正中供奉東華帝君，兩邊供奉八仙，從東至西為韓湘子、李鐵拐、張果老、鍾離權、呂洞賓、藍采和、曹國舅、何仙姑。在東華帝君像前設有祭臺，上面擺有各種祭器、祭品；八仙座像前也設祭臺，上面也有祭器、祭品。殿後兩棵參天古柏鬱鬱蒼翠。八仙殿是八仙宮裏面香火最旺的殿堂。

大中庭兩廂的長廊內靠近屋檐的斗方形彩板上，還繪有一百六十八幅彩畫，集中描述了有關八仙的神話故事和傳說。

中路上一園有石欄桿的臺階後為斗姥殿。斗姥殿外東側有一通《八仙庵十方叢林碑記》的石碑，為清道光十二年（公元一八三二年）所立。殿柱有一楹聯，聯文為：『斗轉中垣錫庶民以斂福，堃為大母含萬物而化光。』殿門外東西壁各有一壁畫，東壁畫繪太上老君騎青牛像。殿門東上壁書『道法天地』，西上壁書『真空妙用』。殿門有一楹聯，文為：『人生百年把幾多風月琴棋等閒抛却，是看千古問爾許英雄豪傑哪個醒來。』殿中供奉近年新塑的斗姥神像，殿堂左右十二星君塑像，即天皇大帝、紫微大帝、貪狼、巨門、禄存、文曲、廉貞、武曲、破軍、上臺虛精、中臺元淳、下臺曲生。斗姥坐像的上部牆上為『三清』畫像，坐像下面與供臺平行的地方，依次有玉皇大帝像、三官像，坐像兩旁一幅對聯，文為：『境入上清半點紅塵飛不到，壇開無垢滿天花雨散香來。』

東院内有呂祖殿、藥王殿、太白殿，另外還有庫房，食堂和道士們的宿舍，陝西省道教協會也設在這裏。

呂祖殿為三開間硬山式建築。殿門匾額『福民壽世』為清宣統三年（公元一九一一年）立。殿柱上有一楹聯，聯文為：『溯上界茫茫浩劫神仙不老全恁一點度人心，看下方擾擾紅塵富貴幾時祇抵五更黃粱夢。』殿門外左右各有一壁碑，左為《呂祖傳》，右為《呂祖百字碑》，為道教内丹文物。現將百字碑文奉抄如下：

養氣忘言守，降心爲不爲，
動靜知宗祖，無事更尋誰？
真常須應物，應物要不迷，
不迷任自住，性住氣自回。
氣回丹自結，壺中配坎離，
陰陽生反覆，普化一聲雷。

白雲朝頂上，甘露灑須彌，
自飲長生酒，逍遙誰得知？
坐聽無弦曲，明通造化機，
都來二十句，端的上天梯。

進殿內後面有一拱成圓洞，深進去的地方，名為『呂祖洞』。洞兩邊一對聯，聯文為：『漢陽黃鶴隨雲駐，函谷青牛望氣來。』洞內供奉呂洞賓塑像。洞門由薄紗簾子半遮掩。殿內牆壁上畫有呂洞賓成道演化故事的精美壁畫。

藥王殿位於呂祖殿的東前側，為三開間硬山式建築。殿門兩邊有一楹聯，聯文為：『道通天地術通聖，儒中隱逸醫中真。』殿外左右各有一壁碑，右為《孫思邈傳》，左為《孫思邈讚》。讚為唐王李世民所題，讚文如下：『鑿開經路，名魁大醫。羽翼三聖，調和四時。降龍伏虎，極衰救危。巍巍堂堂，百代宗師。』殿內供奉藥王孫思邈真人塑像。

太白殿位於呂祖殿斜對面，為三開間硬山式建築。殿門楹聯文為：『誠則金石可穿，驕惰則義必敗。』殿內供奉太白金星神像。

沿太白殿向南伸展，是一個小院。這裏有八仙宮的膳堂、開水房、庫房。靠東邊有一排平房，約十餘間，是道衆的宿舍。院中間有一個小花園，園內種滿花草，內有一小亭，幽雅別緻。陝西省道教協會及道教研究室設在這個小園東南邊的平房內。

穿過斗姥殿西前側的『閬苑』，就來到了西院。西院主要殿堂有邱祖殿和雲隱堂，西安市道教協會的辦公室也設在西院內。

邱祖殿為三開間硬山式建築，和正中的斗姥殿及東院的呂祖殿恰在一條東西走向的直線上。殿前走廊東邊牆頭壁碑為民國二十五年（公元一九三六年）立李宗陽撰書的詩碑，西邊牆頭壁碑為民國三十七年（公元一九四八年）道衆為邱明中監院立的功德碑。殿前走廊的紅漆柱上懸掛一楹聯，聯文為：『萬古長生不用餐霞求秘訣，一言止殺始知濟世有奇功。』殿門匾額『玉清至道』為清光緒三十年（公元一九〇四年）八月二十一日慈禧皇太后親筆書寫。殿門兩邊還有一楹聯，聯文為：『磻溪苦行龍門煉養道功備而德充，東萊闡教西域應聘陳一言而止殺。』殿內懸着一幅邱祖（邱長春）的巨幅畫像，畫像左邊掛有《邱祖青天歌》，右邊掛有《邱長春真人事實》兩幅長條幅。

雲隱堂位於邱祖殿的前西側，有三間堂屋。堂門匾額『雲隱堂』，為于右任先生於民國二十二年（公元一九三三年）所題。堂門兩邊的柱上有一楹聯，聯文為：『此地饒千秋風月，偶來做半日神仙。』雲隱堂為本宮重要執事退休後修行的地方。

除了主要殿宇，八仙宮在相宜的位置上，還修建有角樓、碑樓、門樓，還連有迴廊，闢有水池，種有樹木及花草。建築上多以磚雕、木雕、石雕、彩繪為裝飾，內容上大都為神話傳說，有八仙上壽、漁樵耕讀、紫氣東來、蟠桃盛會及一些吉祥圖案等。

八仙宮是西安市現存最大、最完整的道教宮觀。自宋代創建八仙庵至今，歷經重修，不斷擴建，格局日趨完善，建築日益壯觀。今天的八仙宮不僅是信教羣衆的宗教活動場所，也作為西安市的名勝古跡之一，而聞名於國內外。

（四）天水伏羲廟

伏羲廟位於甘肅省天水市西關，又名太昊宮，亦稱人祖廟。創建於明弘治三年（公元一四九〇年），嘉靖三年（公元一五二四年）曾予重修。清代又曾幾次修建。一九四九年後，曾多次修葺。雖多次遭到地震的破壞，但基本上保持着明代的建築風格。相傳古時伏羲、神農部落聚集在天水，後人於此立廟祭祀。

殿宇臨街建立，高大宏偉，巍峨壯觀。二門三進院落。坐北向南。大門外有牌坊三間，單檐歇山式建築。矗立於高三公尺，寬六點五公尺，長十七點六公尺的石築臺基上，周圍以磚砌勾欄。大門為面闊五開間，寬十七點六公尺，進深二間的懸山式建築。正脊螭吻尾向內，脊中央置寶瓶。

進入大門是前院，長五十二公尺，寬三十二點八公尺。再進為儀門，面積與大門相同，東西各有角門。進儀門為中院，長五十八點六公尺，寬三十二點八公尺。正北是主體建築太極殿，屹立於長二十六點四公尺，寬十三公尺，高一點八公尺的月臺上。太極殿面闊七開間，進深五間，通高三十六點七公尺，重檐歇山式建築。屋面覆琉璃瓦，飾螭首，脊飾纏枝牡丹、龍、虎、鴟尾。斗拱為五鋪作、三抄、三平昂，刻麻葉、龍頭等。槅扇為棱花雕，圓窗透花，刻有二龍戲珠和松鹿圖，十分精美。殿內藻井天花板共分六十四格，繪以六十四卦。殿堂正中供奉手持八卦盤的伏羲泥塑彩繪像。

廟最後有先天殿，建築規模小於太極殿，面闊五開間，寬十九點四公尺，進深四間，單檐歇山式建築。殿內供神農塑像。殿兩側有配殿、廡廊、碑房、鼓樂亭等附屬建築。

整座廟宇，大小建築排列對稱整齊，布局規距嚴謹。院內植有古柏、古槐數十株，綠蔭蔽日，蒼勁挺拔。廟東北有池，池上有橋，池旁有亭，名『見易』亭。廟西北有卦臺山，傳為伏羲於此創八卦。

伏羲廟於一九六三年二月曾公佈為甘肅省重點文物保護單位。現已作為道教活動的開放場所。香火極旺，特別是每年農曆三月初九，傳為伏羲的誕辰，來朝拜的羣衆扶老携幼，絡繹不絕。

八、忽聞關外有仙山

（一）遼寧千山道觀

『漸入深山石徑折，馬難進兮車回轅，峰迴路轉勢愈險，磴道羊腸步亦艱。清磬有聲來耳側，利鎖名繮俗慮刪，轉遇峰頭逢奇景，豐碑古木屹如關。』這是著名作家冰心遊千山時作《千山行》的一段詩。

千山，素有『東北明珠』之稱，為遼東名勝之首，自古就有『無峰不奇，無石不峭，無寺不古』之譽，與長白山、醫巫閭山並稱東北三大名山。

千山地處遼寧鞍山市東南二十五公里，遼陽市東南三十公里處。它是長白山的一條支脈，這裏羣峰起伏，千山萬壑，共有九百九十九座山峰，因近千數，故名千山，又稱千朵蓮花山或千華山、積翠山。其中以仙人臺、五佛頂、蓮花、月牙、獅子、彌勒、净瓶、鉢盂、海螺、卧象、獻寶、鵓鴿、三臺、漱瓊、松苔、上夾、下夾、筆架等峰最為著名。

整個風景區面積四十四平方公里，遊覽點一百八十多處。千山歷史悠久，自隋唐以來，便逐漸成為我國的宗教勝地。宮觀廟宇始建於隋唐，盛建於遼金，而以明、清兩代極盛。素有『九宮』、『八觀』、『十二茅庵』等著稱。其中，當以道教『無量觀』最為著名。

千山第一高峰仙人臺在千山東南，海拔七百零八點三公尺。絕頂上峭石屹立，狀如天鵝頭頸，又稱鵝頭峰，三面臨澗，東壁可攀上峰頂，上有八仙青石像和石棋盤。相傳仙人乘鶴而來，在此對弈，仙人臺由此得名。『仙人臺』三字乃清代涂景濤所題。登上絕頂，可遠望渤海，近覽鋼城，千朵蓮峰歷歷在目。

千山依山勢走向分北、中、南、西南四個景區。北溝景區風景優美，山色秀麗，廟宇名勝較多，景點密集。其它三個景區，山勢蜿蜒，澗深坡陡，叢林茂密，宿草青香，顯得宏曠秀麗，險峻深邃。

山中現存道教宮觀有：五龍宮、太和宮、無量觀、普安觀、圓通觀、青雲觀、慈祥觀、武聖觀等。

一、無量觀

無量觀位於千山北溝景區，因初創時構築無梁而名『無梁觀』，亦稱『老觀』、『上院』。為道士劉太琳開創，始建築於清康熙六年（公元一六六七年）。整座建築羣依山隨景而建，各組殿堂成階梯狀層層昇高，氣象崇宏壯觀。其正殿、配房等，兩相對稱。組成多進院落形式。無量觀主要建築有老君殿、三官殿、慈航殿、閣、堂、樓、洞、塔、臺皆備。

老君殿建於清康熙初年，後嘉慶、道光、同治年間重又修葺。為單檐硬山式建築，殿門匾額上刻有『道教之家』四個大字。屋脊裝飾有鴟吻與神獸；梁枋有彩繪，梁下有燕尾，上有墩卡，梁上貼金彩繪；門窗皆為木雕，建築秀美。殿內供奉『三清』塑像。兩側牆上有老君過函谷關，孔子問禮於老聃的壁畫。

三官殿建於清道光二十六年（公元一八四六年），為無量觀的主殿，單檐硬山式建築。殿基較高，房脊雕有六龍，成盤旋狀。殿門柱上有一楹聯，聯文為：『朝月空山蓂莢落，露風靈響海天高。』殿內供奉上元賜福天宮官，中元赦罪地官，下元解厄水官。三官像前供有護法王靈官和護壇土地塑像。東為八仙過海羣像，雕刻生動，神態惟妙惟肖。西為騎犼騰雲駕霧的金母娘娘塑像，神態慈祥安寧。牆上還繪有堯訪舜，禹治水的兩組壁畫。

慈航殿，即今西閣的大殿，初建於清康熙四十一年（公元一七〇二年），當時稱慈航閣，後經康熙四十八年（公元一七〇九年）重修，於嘉慶三年（公元一七九八年）、十三年（公元一八〇八年）又予重修，並增建鐘樓，其後遂改慈航閣為慈航殿。

西閣，係倚山之腰夷平填壑而築。出西閣南門，復過一拱型圓門，即可見金碧輝煌的鐘樓屹立於鬱鬱葱葱密林之下，或於晚霞輝映，或於晨霏中隱現，若人間宮殿之角樓，若飄渺之天上宮闕，堪為千山具有獨特風貌的景觀。西閣南端，又稱『南天門』。

東閣，為一九九〇年後新建。建於無量觀東南山嶺的半山腰處，山勢非常險要，與西閣遥相呼應，似乎像無量觀的兩支臂膀。

建好後的東閣大殿為三開間仿清式，殿内供奉碧霞元君。兩側各有配房三間，為道士居住之所和客堂。總建築面積為一千零七十五平方公尺。另外還建有鼓樓一座，九龍壁一座，木結構的垂花門及嵌有漢白玉雕塑的暗八仙圖案的影壁牆等。

玉皇閣位於觀北高處，據説唐代即有建築，原是駐兵的指揮所。閣内供奉玉皇大帝神像。由玉皇閣兩側『八步緊』向上行，便是『夾扁石』，為去『一步登天』、『天上天』的必經之路。在巨石間有一縫隙，長約四公尺，高約三公尺，寬近半公尺，只能容一人側身而過，若昂首直走，則寸步難行。人們認為在這裏被『夾』一下，那邪氣與疲勞都會被『夾』走，被譽為千山一絶。

羅漢洞位於觀西。康熙初年劉大琳、王太祥二人於洞内修真養性，現洞内尚有當時的火炕暖閣舊跡。據傳明代即有人稱此洞為『古羅漢洞』。又有人說唐時即有此洞。該洞為天然之古石洞，無磚石土木構造，因沿此而稱觀為無梁觀。

聚仙臺位於觀門前下方山腰一大黑石塊上的平坦處。臺上有石圓桌一張，石墩六個，周圍環以短石垣欄柱及石欄板，皆雕鑿而成，造型玲瓏，佈局精巧。相傳昔時常有仙人羽客棲集於此，因稱『聚仙臺』。旁路有一巨石，盤踞於另一亘石之上，令人有飛來之感，石上刻『聚仙臺』，三字各徑二尺許，乃當時瀋陽太清宮方丈葛月潭手書。

八仙塔位於聚仙臺之東，建於清康熙初年，是當時駐盛京（即瀋陽）將軍烏庫禮為師兄劉太琳靜坐修真而建。因塔周邊雕有『八仙』浮雕而得名。祖師塔位於八仙塔之後，高約丈許，為六棱形石塔。此石塔即無量觀開山祖師劉太琳羽化後之遺蛻墓塔。道俗衆弟子均尊稱此塔為『祖師塔』。葛公塔接近聚仙臺，有七級石塔，塔身為六壁棱形，高約兩丈，其石質堅硬細膩潔白，經精工巧匠鐫鑿雕刻而成，為張學良將軍捐資所建。葛月譚羽化後即安遺蛻於塔下，塔身壁上還嵌有漢白玉雕刻的葛月潭本人所繪竹蘭和題字，題為：『我有青青竹一叢，與蕙為伍正當風。莫笑臨池着墨少，已掃煙雲咫尺中。』

由無量觀山門拾階而上，可達『西峰』。上有石臺，南面峭壁上鐫刻『振衣崗』三字，係明代隆慶四年（公元一五七〇年）浙人向程所書。崗北有最高峰，昔稱之『拜斗臺』，以往有道士中夜在其上拜『北斗七星』，祈求風調雨順，五穀豐登，萬民安樂。

從三宮殿出西角門拾級北上，可見一洞，洞門外刻石『遁頤庵』三字。為清咸豐十年（公元一八六〇年）已故慈祥道人吴教滋生前所建。

無量觀還有『萬年松』、『正直松』、『石龕松』等多年老松，蒼鬱壯偉，可謂奇觀。無量觀於一九八二年被國務院定為全國道教重點宮觀之一。

二、五龍宮

五龍宮位於千山中部五龍谷的最窄處，與諸寺廟遥相呼應，猶如千蓮之蕊。為清代著名道士彭復光於乾隆二年（公元一七三八年）開創。五龍宮地處巍峨，羣山環抱，泉石呈奇，蒼松翠柏環繞於四周。五條山梁從南、北、西三面蜿蜒而來，恰似五條巨龍騰躍起舞，形成了五龍捧聖之勢。五龍宮在『文化文革命』中曾遭破壞，現在逐步恢復中。目前已恢復大殿、靈官殿、慈航殿、藥王殿等殿宇。客堂楹柱上有一對聯，聯文為：『峰間樹色蓮花沸，雲龍拔伏變乾坤。』

五龍宮的景點有玉皇閣看日出、蒼松迎客、朝陽洞、丹鳳朝陽及宮前的老龍潭等。

（二）瀋陽太清宮

太清宮，原名三教堂，位於瀋陽市瀋河區西順街北口。創建於清康熙二年（公元一六六三年）。開山祖師郭守真，號弘陽子，原係本溪九頂鐵剎山八寶雲光洞住持，道德清高，功法玄妙，傳有異行，方圓數百里聲名大振。清盛京（即瀋陽）將軍烏庫禮慕其名迎請來瀋，尊為師長。時瀋陽酷旱多日，民心大亂，郭守真為其建醮祈雨，三日甘露普降，萬民歡悅。清王朝欲請郭出山執政，封官進爵，郭固辭不受，唯求城垣西北角一段建廟，遂撥款建廟，名『三教堂』。

正殿中央供奉老子，左右供孔子神位與釋迦牟尼佛，兩旁立站像，左為『靈官』，右為『韋陀』，以昭示全真道教最初『三教合一』的教旨。當時建有大殿及玉皇閣、關帝殿、客堂、耳房數處。建成的三教堂為子孫廟體制。郭守真後來羽化於廟內，即在後院建塔奉安，歲時致祭。乾隆三十年（公元一七六五年），三教堂曾遭水淹，殿宇傾圮，半就淹沒，經本廟道士趙一塵竭力募化，以次翻修。

乾隆三十二年（公元一七六七年），復由道士馬陽震藉各界之力重建，增修外院羣房及西院老基屋宇並大殿前東西兩廊，四周均建以圍牆。至乾隆四十四年（公元一七七九年）竣工，共建有祠宇八十八楹。增設方丈、監院、執事等，道衆百餘人，遂改名為太清宮。體制也由子孫廟改為十方叢林。

嘉慶十三年（公元一八〇八年），又經本廟監院閻山子將山門圍牆打通，闢為東西直路，南設照壁，內置欞欄，經兩年修建，又將西院和後院西北角一帶房舍，先後增修完全對稱。至此，太清宮共建房舍一百零二間，面積為五千二百五十平方公尺。光緒三十年（公元一九〇四年），玉皇樓被火燒毀。光緒三十四年（公元一九〇八年），監院葛月潭重修玉皇閣及大殿、善功祠並辦起一座國民學校。日偽戰亂時期，太清宮災難重重，香火寥寥，年久失修，殿堂房舍暗淡無光。

一九四九年後，歷年均進行小型維修。一九五四年與一九五九年，又各進行了一次大型維修，修建了老人堂，玉皇樓，並同時進行了全院的彩畫工程。『文化大革命』期間，太清宮遭到摧殘，道士流散各處，方丈、監院被審查，宮內神像、碑塔、鐘鼎等，被全部拆除砸碎。古籍、書畫、碑帖等及太清宮的文史資料、檔案資料亦均被焚毀或因之而散佚。

一九七九年八月，遼寧省道教協會正式恢復工作，並於同年十一月成立了瀋陽道教協會，同年十二月省、市道協接管進駐太清宮，並開始太清宮的修復工作。歷年來，先後修復老君殿、玉皇樓、關帝殿、吕祖殿、邱祖殿、三官殿、郭祖殿、護法殿和靈官殿，殿堂內重塑了神像。此外，又修復了經堂、鐘鼓、東大門、小排門及部分廂房。同時又鋪石地面，砌石圍牆，種植花草樹木。恢復了太清宮原以神殿為主體形成的南北走向五進四個院宇的東西對稱建築。目前各殿堂雕梁畫棟，彩壁貼金，更顯得金碧輝煌，幽靜雅觀。

太清宮一九八三年經國務院批準為國家重點文物保護單位。在此以前，一九八二年即被國務院定為全國道教重點宮觀之一。

九、臺灣寶島兩名觀

（一）雲林北港朝天宮

朝天宮位於臺灣省雲林縣北港鎮、北港溪右岸。又名『天后宮』、『聖廟』、『媽祖廟』。與鹿港、臺南、彰化市的媽祖廟並稱為臺灣的『四大媽祖廟』。朝天宮為臺灣最早建立的媽祖廟之一，是全臺媽祖廟的『總廟』。

朝天宮始建於清康熙三十三年（公元一六九四年），據《臺灣通史稿》載，福建莆田湄州島朝天閣僧人樹壁奉媽祖像來此結茅為祠；康熙三十九年（公元一七〇〇年）以瓦易茅；

雍正八年（公元一七三〇年）重建，規模擴大；乾隆十六年（公元一七五一年）重修；三十八年（公元一七七三年）增建正殿、後殿；咸豐五年（公元一八五五年）擴建廟宇為四進；光緒三十一年（公元一九〇五年）毀於嘉義大地震；三十四年（公元一九〇八年）重修並擴建，於宣統三年（公元一九一一年）竣工落成。道光十七年（公元一八三七年）因佑護平定海寇而欽賜『神昭海表』匾額；咸豐九年（公元一八五九年）因大旱祈之得雨，封為『天上聖母』並賜『慈雲灑潤』匾額，春秋祭祀。其香火之盛，至今冠絶臺灣。

北港朝天宮殿宇，佔地二千平方公尺，正殿居中，前為毓麟宮，左為聚奎閣，右為凌虛殿，後為雙公廟，宮東有三界公祠，宮西有文昌閣。宮中各殿皆坐北朝南。正殿巍峨高大，為宮中的主建築。屋頂為硬山式，重叠三層。脊尾高翹凌空。屋脊裝飾有飛龍、鳳凰、麒麟、寶塔以及各種花草圖案，絢麗繁藻。此種裝飾繁複的屋頂，是臺灣寺廟的傳統風格，而硬山叠起三層，則為該宮建築獨特之處。

殿宇寬敞雄偉。殿內正中供奉『天上聖母』塑像。兩側配供千里眼、順風耳二神像。相傳二神本是桃花山上的妖精，被媽祖制服，收為部衆後改邪歸正，並助媽祖『眼觀四海，耳聽重洋』以發現海上遇難之人。殿内還供有『鎮殿媽』。『湄洲媽』（實均指天妃、即媽祖），並還供有三千尊媽祖的『分身』。大殿東西兩廂，分別供有福德正神和註生娘娘。

宮内其餘各殿，分別供有觀音大士、三官大帝、文昌帝君、聖父母等神像。特别是供聖父母的後殿，別具一格。將其父母兄姐一家皆神，供聚一堂，是臺灣通俗宗教『人情味』的典例。殿前石柱還題有：『朝感聖母封增父母，天嘉后德榮及姐兄。』一聯。

朝天宮，建築布局嚴謹，雄偉壯麗，殿宇巍峨，裝飾玲瓏秀麗，雕刻精細，壁畫生動，為全臺廟宇建築之冠。

(二) 臺南麻豆代天府

麻豆代天府位於臺灣省臺南縣麻豆鎮南勢里關帝廟六十號，一九五六年重新建造。庭院前有一高大的牌樓，上書『代天府』三個大字。庭院北側有中西合壁建築式樣的地下一層，地面五層的文物大樓；南側為地下二層的立體停車場，地面則建築有設計新穎、規模壯觀的觀音寶殿。庭院正面為前殿，前殿為仿古式建築，脊中裝飾有雙龍朝三星（福、祿、壽）雕塑。左右兩廡為鐘鼓樓，正殿在前殿後面，裏面供着李、池、吳、朱、范五府千歲，為麻豆代天府奉祀的主神。神龕清雕細琢，金碧輝煌，龕兩側刻着傳為五府千歲自撰對聯一幅，聯文為『代歷初唐伐暴長存唐劍印，天恢炎漢安邦高樹漢功勛』。左右邊龕供有福德正神、註生娘娘的神像。

循着邊門來到後殿，後殿又名『慧德寺』，正中供觀音，左右配殿供東嶽大帝和縣城隍。慧德寺前有一方築有假山樓閣祈願池，池中有『神祿壽財子貴』六字，供善男信女投幣許願。

由『迎曦門』或『獻瑞門』前行為後苑。兩側植有花草，闢有假山水池。南北建有兩棟香客大樓，進香者可於此留宿、進餐。後苑還建有『天堂』、『水晶宮』、『十八層地獄』三大遊樂設施。天堂為一長五十四公尺，高三十八公尺口吐龍沫的巨龍造型，中有電動遊樂設備，在裏面可感受到『南天門』、『靈霄寶殿』、『仙人聽琴』、『仙女遊園』等天國情景。地獄裏可見到生前作惡多端者，到地府中受到虎頭斬、石輪碾磨、炮烙、挖眼、下油鍋、狗吃蛇咬、剖肚抽腸、拔舌穿腮……等不同刑罰。由於製作逼真，並配有電動設備和立體聲響，使人不寒而竦。水晶宮內則有世界各地的珍奇水族。

每年農曆四月二十六日、二十七日、六月十八日、八月十五日、九月十五日為麻豆代天府祭典時間。其熱鬧非凡。有獅陣、宋江陣、駛犁仔歌等活動，人頭聳動，氣氛高亢。

一九九一年九月，麻豆代天府到北京白雲觀請回一尊斗姥元君神像，供奉於新落成的『元辰殿』內。此舉為海峽兩岸道教界的友好往來和相互交流起了促進作用。

後記

道教是中華民族固有的宗教，是我國土生土長的宗教。而和道教聯繫在一起的道教宮觀，則是我們勤勞智慧的祖先，給我們留下的藝術瑰寶。它以完整的體系和獨特的風格見稱於世。宛若鑲嵌在祖國錦繡河山上的顆顆明珠，光彩奪目。

道教宮觀，不僅是宗教活動的場所，而且是具有重大歷史文物價值的文化設施，它充分反映了各個時代的建築水平和藝術風格。限於篇幅，不能將全國道教宮觀一一給予介紹，望予見諒。

每處宮觀，着重介紹它們的方位、建制沿革、名稱由來、地形風貌、建築藝術、布局特點、民間傳說等等，供廣大旅遊者和道教研究者及關心古建築的朋友們參考。

在編寫本書時，除實地考察外，還查閱了大量歷史文獻。並參考和引用了不少專家、學者撰寫的專著、論文，在此一併表示謝意。特別要感謝王家祐先生自始自終對本書的策劃，提供資料，指出其中錯處，並提出修改意見。然而筆者水平不高，錯誤在所難免，敬希行家及讀者批評、指正。

沙銘壽

大展出版社有限公司 品冠文化出版社	圖書目錄

地址：台北市北投區(石牌)
致遠一路二段12巷1號
郵撥：0166955～1
電話：(02)28236031
28236033
傳真：(02)28272069

·法律專欄連載·電腦編號58

台大法學院 法律學系／策劃
法律服務社／編著

1. 別讓您的權利睡著了 1 200元
2. 別讓您的權利睡著了 2 200元

·武術特輯·電腦編號10

1. 陳式太極拳入門 馮志強編著 180元
2. 武式太極拳 郝少如編著 150元
3. 練功十八法入門 蕭京凌編著 120元
4. 教門長拳 蕭京凌編著 150元
5. 跆拳道 蕭京凌編譯 180元
6. 正傳合氣道 程曉鈴譯 200元
7. 圖解雙節棍 陳銘遠著 150元
8. 格鬥空手道 鄭旭旭編著 200元
9. 實用跆拳道 陳國榮編著 200元
10. 武術初學指南 李文英、解守德編著 250元
11. 泰國拳 陳國榮著 180元
12. 中國式摔跤 黃 斌編著 180元
13. 太極劍入門 李德印編著 180元
14. 太極拳運動 運動司編 250元
15. 太極拳譜 清·王宗岳等著 280元
16. 散手初學 冷 峰編著 180元
17. 南拳 朱瑞琪編著 180元
18. 吳式太極劍 王培生著 200元
19. 太極拳健身和技擊 王培生著 250元
20. 秘傳武當八卦掌 狄兆龍著 250元
21. 太極拳論譚 沈 壽著 250元
22. 陳式太極拳技擊法 馬 虹著 250元
23. 二十四式/三十二式 太極 拳/劍 闞桂香著 180元
24. 楊式秘傳129式太極長拳 張楚全著 280元
25. 楊式太極拳架詳解 林炳堯著 280元

26.	華佗五禽劍	劉時榮著	180元
27.	太極拳基礎講座：基本功與簡化24式	李德印著	250元
28.	武式太極拳精華	薛乃印著	200元
29.	陳式太極拳拳理闡微	馬 虹著	350元
30.	陳式太極拳體用全書	馬 虹著	400元

·原地太極拳系列· 電腦編號 11

1.	原地綜合太極拳24式	胡啟賢創編	220元
2.	原地活步太極拳42式	胡啟賢創編	200元
3.	原地簡化太極拳24式	胡啟賢創編	200元
4.	原地太極拳12式	胡啟賢創編	200元

·道學文化· 電腦編號 12

1.	道在養生：道教長壽術	郝 勤等著	250元
2.	龍虎丹道：道教內丹術	郝 勤等著	300元
3.	天上人間：道教神仙譜系	黃德海著	250元
4.	步罡踏斗：道教祭禮儀典	張澤洪著	250元
5.	道醫窺秘：道教醫學康復術	王慶餘等著	250元
6.	勸善成仙：道教生命倫理	李 剛著	250元
7.	洞天福地：道教宮觀勝境	沙銘壽著	250元
8.	青詞碧簫：道教文學藝術	楊光文等著	250元
9.	：道教格言精粹	朱耕發等著	250元

·秘傳占卜系列· 電腦編號 14

1.	手相術	淺野八郎著	180元
2.	人相術	淺野八郎著	180元
3.	西洋占星術	淺野八郎著	180元
4.	中國神奇占卜	淺野八郎著	150元
5.	夢判斷	淺野八郎著	150元
6.	前世、來世占卜	淺野八郎著	150元
7.	法國式血型學	淺野八郎著	150元
8.	靈感、符咒學	淺野八郎著	150元
9.	紙牌占卜學	淺野八郎著	150元
10.	ESP超能力占卜	淺野八郎著	150元
11.	猶太數的秘術	淺野八郎著	150元
12.	新心理測驗	淺野八郎著	160元
13.	塔羅牌預言秘法	淺野八郎著	200元

・趣味心理講座・電腦編號 15

1.	性格測驗① 探索男與女	淺野八郎著	140 元
2.	性格測驗② 透視人心奧秘	淺野八郎著	140 元
3.	性格測驗③ 發現陌生的自己	淺野八郎著	140 元
4.	性格測驗④ 發現你的真面目	淺野八郎著	140 元
5.	性格測驗⑤ 讓你們吃驚	淺野八郎著	140 元
6.	性格測驗⑥ 洞穿心理盲點	淺野八郎著	140 元
7.	性格測驗⑦ 探索對方心理	淺野八郎著	140 元
8.	性格測驗⑧ 由吃認識自己	淺野八郎著	160 元
9.	性格測驗⑨ 戀愛知多少	淺野八郎著	160 元
10.	性格測驗⑩ 由裝扮瞭解人心	淺野八郎著	160 元
11.	性格測驗⑪ 敲開內心玄機	淺野八郎著	140 元
12.	性格測驗⑫ 透視你的未來	淺野八郎著	160 元
13.	血型與你的一生	淺野八郎著	160 元
14.	趣味推理遊戲	淺野八郎著	160 元
15.	行為語言解析	淺野八郎著	160 元

・婦 幼 天 地・電腦編號 16

1.	八萬人減肥成果	黃靜香譯	180 元
2.	三分鐘減肥體操	楊鴻儒譯	150 元
3.	窈窕淑女美髮秘訣	柯素娥譯	130 元
4.	使妳更迷人	成　玉譯	130 元
5.	女性的更年期	官舒妍編譯	160 元
6.	胎內育兒法	李玉瓊編譯	150 元
7.	早產兒袋鼠式護理	唐岱蘭譯	200 元
8.	初次懷孕與生產	婦幼天地編譯組	180 元
9.	初次育兒 12 個月	婦幼天地編譯組	180 元
10.	斷乳食與幼兒食	婦幼天地編譯組	180 元
11.	培養幼兒能力與性向	婦幼天地編譯組	180 元
12.	培養幼兒創造力的玩具與遊戲	婦幼天地編譯組	180 元
13.	幼兒的症狀與疾病	婦幼天地編譯組	180 元
14.	腿部苗條健美法	婦幼天地編譯組	180 元
15.	女性腰痛別忽視	婦幼天地編譯組	150 元
16.	舒展身心體操術	李玉瓊編譯	130 元
17.	三分鐘臉部體操	趙薇妮著	160 元
18.	生動的笑容表情術	趙薇妮著	160 元
19.	心曠神怡減肥法	川津祐介著	130 元
20.	內衣使妳更美麗	陳玄茹譯	130 元
21.	瑜伽美姿美容	黃靜香編著	180 元
22.	高雅女性裝扮學	陳珮玲譯	180 元
23.	蠶糞肌膚美顏法	坂梨秀子著	160 元

24. 認識妳的身體	李玉瓊譯	160 元
25. 產後恢復苗條體態	居理安・芙萊喬著	200 元
26. 正確護髮美容法	山崎伊久江著	180 元
27. 安琪拉美姿養生學	安琪拉蘭斯博瑞著	180 元
28. 女體性醫學剖析	增田豐著	220 元
29. 懷孕與生產剖析	岡部綾子著	180 元
30. 斷奶後的健康育兒	東城百合子著	220 元
31. 引出孩子幹勁的責罵藝術	多湖輝著	170 元
32. 培養孩子獨立的藝術	多湖輝著	170 元
33. 子宮肌瘤與卵巢囊腫	陳秀琳編著	180 元
34. 下半身減肥法	納他夏・史達賓著	180 元
35. 女性自然美容法	吳雅菁編著	180 元
36. 再也不發胖	池園悅太郎著	170 元
37. 生男生女控制術	中垣勝裕著	220 元
38. 使妳的肌膚更亮麗	楊　皓編著	170 元
39. 臉部輪廓變美	芝崎義夫著	180 元
40. 斑點、皺紋自己治療	高須克彌著	180 元
41. 面皰自己治療	伊藤雄康著	180 元
42. 隨心所欲瘦身冥想法	原久子著	180 元
43. 胎兒革命	鈴木丈織著	180 元
44. NS 磁氣平衡法塑造窈窕奇蹟	古屋和江著	180 元
45. 享瘦從腳開始	山田陽子著	180 元
46. 小改變瘦 4 公斤	宮本裕子著	180 元
47. 軟管減肥瘦身	高橋輝男著	180 元
48. 海藻精神秘美容法	劉名揚編著	180 元
49. 肌膚保養與脫毛	鈴木真理著	180 元
50. 10 天減肥 3 公斤	彤雲編輯組	180 元
51. 穿出自己的品味	西村玲子著	280 元
52. 小孩髮型設計	李芳黛譯	250 元

・青 春 天 地・電腦編號 17

1. A 血型與星座	柯素娥編譯	160 元
2. B 血型與星座	柯素娥編譯	160 元
3. O 血型與星座	柯素娥編譯	160 元
4. AB 血型與星座	柯素娥編譯	120 元
5. 青春期性教室	呂貴嵐編譯	130 元
7. 難解數學破題	宋釗宜編譯	130 元
9. 小論文寫作秘訣	林顯茂編譯	120 元
11. 中學生野外遊戲	熊谷康編著	120 元
12. 恐怖極短篇	柯素娥編譯	130 元
13. 恐怖夜話	小毛驢編譯	130 元
14. 恐怖幽默短篇	小毛驢編譯	120 元
15. 黑色幽默短篇	小毛驢編譯	120 元

16. 靈異怪談	小毛驢編譯	130元
17. 錯覺遊戲	小毛驢編著	130元
18. 整人遊戲	小毛驢編著	150元
19. 有趣的超常識	柯素娥編譯	130元
20. 哦！原來如此	林慶旺編譯	130元
21. 趣味競賽100種	劉名揚編譯	120元
22. 數學謎題入門	宋釗宜編譯	150元
23. 數學謎題解析	宋釗宜編譯	150元
24. 透視男女心理	林慶旺編譯	120元
25. 少女情懷的自白	李桂蘭編譯	120元
26. 由兄弟姊妹看命運	李玉瓊編譯	130元
27. 趣味的科學魔術	林慶旺編譯	150元
28. 趣味的心理實驗室	李燕玲編譯	150元
29. 愛與性心理測驗	小毛驢編譯	130元
30. 刑案推理解謎	小毛驢編譯	180元
31. 偵探常識推理	小毛驢編譯	180元
32. 偵探常識解謎	小毛驢編譯	130元
33. 偵探推理遊戲	小毛驢編譯	180元
34. 趣味的超魔術	廖玉山編著	150元
35. 趣味的珍奇發明	柯素娥編著	150元
36. 登山用具與技巧	陳瑞菊編著	150元
37. 性的漫談	蘇燕謀編著	180元
38. 無的漫談	蘇燕謀編著	180元
39. 黑色漫談	蘇燕謀編著	180元
40. 白色漫談	蘇燕謀編著	180元

・健康天地・電腦編號18

1. 壓力的預防與治療	柯素娥編譯	130元
2. 超科學氣的魔力	柯素娥編譯	130元
3. 尿療法治病的神奇	中尾良一著	130元
4. 鐵證如山的尿療法奇蹟	廖玉山譯	120元
5. 一日斷食健康法	葉慈容編譯	150元
6. 胃部強健法	陳炳崑譯	120元
7. 癌症早期檢查法	廖松濤譯	160元
8. 老人痴呆症防止法	柯素娥編譯	130元
9. 松葉汁健康飲料	陳麗芬編譯	130元
10. 揉肚臍健康法	永井秋夫著	150元
11. 過勞死、猝死的預防	卓秀貞編譯	130元
12. 高血壓治療與飲食	藤山順豐著	180元
13. 老人看護指南	柯素娥編譯	150元
14. 美容外科淺談	楊啟宏著	150元
15. 美容外科新境界	楊啟宏著	150元
16. 鹽是天然的醫生	西英司郎著	140元

17. 年輕十歲不是夢	梁瑞麟譯	200 元
18. 茶料理治百病	桑野和民著	180 元
19. 綠茶治病寶典	桑野和民著	150 元
20. 杜仲茶養顏減肥法	西田博著	170 元
21. 蜂膠驚人療效	瀨長良三郎著	180 元
22. 蜂膠治百病	瀨長良三郎著	180 元
23. 醫藥與生活㈠	鄭炳全著	180 元
24. 鈣長生寶典	落合敏著	180 元
25. 大蒜長生寶典	木下繁太郎著	160 元
26. 居家自我健康檢查	石川恭三著	160 元
27. 永恆的健康人生	李秀鈴譯	200 元
28. 大豆卵磷脂長生寶典	劉雪卿譯	150 元
29. 芳香療法	梁艾琳譯	160 元
30. 醋長生寶典	柯素娥譯	180 元
31. 從星座透視健康	席拉・吉蒂斯著	180 元
32. 愉悅自在保健學	野本二士夫著	160 元
33. 裸睡健康法	丸山淳士等著	160 元
34. 糖尿病預防與治療	藤田順豐著	180 元
35. 維他命長生寶典	菅原明子著	180 元
36. 維他命 C 新效果	鐘文訓編	150 元
37. 手、腳病理按摩	堤芳朗著	160 元
38. AIDS 瞭解與預防	彼得塔歇爾著	180 元
39. 甲殼質殼聚糖健康法	沈永嘉譯	160 元
40. 神經痛預防與治療	木下真男著	160 元
41. 室內身體鍛鍊法	陳炳崑編著	160 元
42. 吃出健康藥膳	劉大器編著	180 元
43. 自我指壓術	蘇燕謀編著	160 元
44. 紅蘿蔔汁斷食療法	李玉瓊編著	150 元
45. 洗心術健康秘法	竺翠萍編譯	170 元
46. 枇杷葉健康療法	柯素娥編譯	180 元
47. 抗衰血癒	楊啟宏著	180 元
48. 與癌搏鬥記	逸見政孝著	180 元
49. 冬蟲夏草長生寶典	高橋義博著	170 元
50. 痔瘡・大腸疾病先端療法	宮島伸宜著	180 元
51. 膠布治癒頑固慢性病	加瀨建造著	180 元
52. 芝麻神奇健康法	小林貞作著	170 元
53. 香煙能防止癡呆？	高田明和著	180 元
54. 穀菜食治癌療法	佐藤成志著	180 元
55. 貼藥健康法	松原英多著	180 元
56. 克服癌症調和道呼吸法	帶津良一著	180 元
57. B 型肝炎預防與治療	野村喜重郎著	180 元
58. 青春永駐養生導引術	早島正雄著	180 元
59. 改變呼吸法創造健康	原久子著	180 元
60. 荷爾蒙平衡養生秘訣	出村博著	180 元

61. 水美肌健康法	井戶勝富著	170 元
62. 認識食物掌握健康	廖梅珠編著	170 元
63. 痛風劇痛消除法	鈴木吉彥著	180 元
64. 酸莖菌驚人療效	上田明彥著	180 元
65. 大豆卵磷脂治現代病	神津健一著	200 元
66. 時辰療法—危險時刻凌晨 4 時	呂建強等著	180 元
67. 自然治癒力提升法	帶津良一著	180 元
68. 巧妙的氣保健法	藤平墨子著	180 元
69. 治癒 C 型肝炎	熊田博光著	180 元
70. 肝臟病預防與治療	劉名揚編著	180 元
71. 腰痛平衡療法	荒井政信著	180 元
72. 根治多汗症、狐臭	稻葉益巳著	220 元
73. 40 歲以後的骨質疏鬆症	沈永嘉譯	180 元
74. 認識中藥	松下一成著	180 元
75. 認識氣的科學	佐佐木茂美著	180 元
76. 我戰勝了癌症	安田伸著	180 元
77. 斑點是身心的危險信號	中野進著	180 元
78. 艾波拉病毒大震撼	玉川重德著	180 元
79. 重新還我黑髮	桑名隆一郎著	180 元
80. 身體節律與健康	林博史著	180 元
81. 生薑治萬病	石原結實著	180 元
82. 靈芝治百病	陳瑞東著	180 元
83. 木炭驚人的威力	大槻彰著	200 元
84. 認識活性氧	井土貴司著	180 元
85. 深海鮫治百病	廖玉山編著	180 元
86. 神奇的蜂王乳	井上丹治著	180 元
87. 卡拉 OK 健腦法	東潔著	180 元
88. 卡拉 OK 健康法	福田伴男著	180 元
89. 醫藥與生活㈡	鄭炳全著	200 元
90. 洋蔥治百病	宮尾興平著	180 元
91. 年輕 10 歲快步健康法	石塚忠雄著	180 元
92. 石榴的驚人神效	岡本順子著	180 元
93. 飲料健康法	白鳥早奈英著	180 元
94. 健康棒體操	劉名揚編譯	180 元
95. 催眠健康法	蕭京凌編著	180 元
96. 鬱金（美王）治百病	水野修一著	180 元
97. 醫藥與生活㈢	鄭炳全著	200 元

・實用女性學講座・電腦編號 19

1. 解讀女性內心世界	島田一男著	150 元
2. 塑造成熟的女性	島田一男著	150 元
3. 女性整體裝扮學	黃靜香編著	180 元
4. 女性應對禮儀	黃靜香編著	180 元

5. 女性婚前必修　小野十傳著　200 元
6. 徹底瞭解女人　田口二州著　180 元
7. 拆穿女性謊言 88 招　島田一男著　200 元
8. 解讀女人心　島田一男著　200 元
9. 俘獲女性絕招　志賀貢著　200 元
10. 愛情的壓力解套　中村理英子著　200 元
11. 妳是人見人愛的女孩　廖松濤編著　200 元

・校園系列・電腦編號 20

1. 讀書集中術　多湖輝著　180 元
2. 應考的訣竅　多湖輝著　150 元
3. 輕鬆讀書贏得聯考　多湖輝著　150 元
4. 讀書記憶秘訣　多湖輝著　180 元
5. 視力恢復！超速讀術　江錦雲譯　180 元
6. 讀書 36 計　黃柏松編著　180 元
7. 驚人的速讀術　鐘文訓編著　170 元
8. 學生課業輔導良方　多湖輝著　180 元
9. 超速讀超記憶法　廖松濤編著　180 元
10. 速算解題技巧　宋釗宜編著　200 元
11. 看圖學英文　陳炳崑編著　200 元
12. 讓孩子最喜歡數學　沈永嘉譯　180 元
13. 催眠記憶術　林碧清譯　180 元
14. 催眠速讀術　林碧清譯　180 元
15. 數學式思考學習法　劉淑錦譯　200 元
16. 考試憑要領　劉孝暉著　180 元
17. 事半功倍讀書法　王毅希著　200 元
18. 超金榜題名術　陳蒼杰譯　200 元
19. 靈活記憶術　林耀慶編著　180 元

・實用心理學講座・電腦編號 21

1. 拆穿欺騙伎倆　多湖輝著　140 元
2. 創造好構想　多湖輝著　140 元
3. 面對面心理術　多湖輝著　160 元
4. 偽裝心理術　多湖輝著　140 元
5. 透視人性弱點　多湖輝著　140 元
6. 自我表現術　多湖輝著　180 元
7. 不可思議的人性心理　多湖輝著　180 元
8. 催眠術入門　多湖輝著　150 元
9. 責罵部屬的藝術　多湖輝著　150 元
10. 精神力　多湖輝著　150 元
11. 厚黑說服術　多湖輝著　150 元

12. 集中力	多湖輝著	150 元
13. 構想力	多湖輝著	150 元
14. 深層心理術	多湖輝著	160 元
15. 深層語言術	多湖輝著	160 元
16. 深層說服術	多湖輝著	180 元
17. 掌握潛在心理	多湖輝著	160 元
18. 洞悉心理陷阱	多湖輝著	180 元
19. 解讀金錢心理	多湖輝著	180 元
20. 拆穿語言圈套	多湖輝著	180 元
21. 語言的內心玄機	多湖輝著	180 元
22. 積極力	多湖輝著	180 元

・超現實心理講座・電腦編號 22

1. 超意識覺醒法	詹蔚芬編譯	130 元
2. 護摩秘法與人生	劉名揚編譯	130 元
3. 秘法！超級仙術入門	陸明譯	150 元
4. 給地球人的訊息	柯素娥編著	150 元
5. 密教的神通力	劉名揚編著	130 元
6. 神秘奇妙的世界	平川陽一著	200 元
7. 地球文明的超革命	吳秋嬌譯	200 元
8. 力量石的秘密	吳秋嬌譯	180 元
9. 超能力的靈異世界	馬小莉譯	200 元
10. 逃離地球毀滅的命運	吳秋嬌譯	200 元
11. 宇宙與地球終結之謎	南山宏著	200 元
12. 驚世奇功揭秘	傅起鳳著	200 元
13. 啟發身心潛力心象訓練法	栗田昌裕著	180 元
14. 仙道術遁甲法	高藤聰一郎著	220 元
15. 神通力的秘密	中岡俊哉著	180 元
16. 仙人成仙術	高藤聰一郎著	200 元
17. 仙道符咒氣功法	高藤聰一郎著	220 元
18. 仙道風水術尋龍法	高藤聰一郎著	200 元
19. 仙道奇蹟超幻像	高藤聰一郎著	200 元
20. 仙道鍊金術房中法	高藤聰一郎著	200 元
21. 奇蹟超醫療治癒難病	深野一幸著	220 元
22. 揭開月球的神秘力量	超科學研究會	180 元
23. 西藏密教奧義	高藤聰一郎著	250 元
24. 改變你的夢術入門	高藤聰一郎著	250 元
25. 21 世紀拯救地球超技術	深野一幸著	250 元

・養 生 保 健・電腦編號 23

1. 醫療養生氣功	黃孝寬著	250 元

國家圖書館出版品預行編目資料

洞天福地： 道教宮觀勝境 / 沙銘壽編著. – 初版.
– 臺北市：大展 ，民 89
面 ； 21 公分 --（道學文化；7）
ISBN 957-468-042-8（平裝）

1. 道觀
237 89015272

四川人民出版社授權中文繁體字版

洞天福地：道教宮觀勝境 ISBN 957-468-042-8

編 著 者／沙 銘 壽
發 行 人／蔡 森 明
出 版 者／大展出版社有限公司
社 址／台北市北投區（石牌）致遠一路 2 段 12 巷 1 號
電 話／（02）28236031・28236033・28233123
傳 真／（02）28272069
郵政劃撥／01669551
E - mail／dah-jaan@ms9.tisnet.net.tw
登 記 證／局版臺業字第 2171 號
承 印 者／高星印刷品行
裝 訂／日新裝訂有限公司
排 版 者／千兵企業有限公司
初版 1 刷／2000 年（民 89 年）12 月

定價／250 元

大展好書 好書大展

大展好書 好書大展